벼랑 끝에서 임을 만나다

어느 신앙인의 고백
벼랑 끝에서 임을 만나다

글쓴이 : 최현희
펴낸이 : 서영주
펴낸곳 : 성바오로
주소 : 서울 강북구 송중동 103-36
등록 : 7-93호 1992. 10. 6
교회인가 : 2012. 6. 27
발행일 : 2012. 10. 24
SSP 953

취급처 : 성바오로보급소
전화 : 9448--300, 986--1361
팩스 : 986--1365
통신판매 : 945--2972
E-mail : bookclub@paolo.net
http://www.paolo.net

값 10,000원
ISBN 978-89-8015-799-0

At The Edge of The Cliff I Met Him

Choi Hyun Hee

Copyright © 2012 by Choi Hyun Hee
Published by ST PAULS, Seoul, Korea

이 도서의 국립중앙도서관 출판시도서목록(CIP)은 e-CIP홈페이지(http://www.nl.go.kr/ecip)와 국가자료공동목록시스템(http://www.nl.go.kr/kolisnet)에서 이용하실 수 있습니다.(CIP제어번호 : CIP2012004283)

이 책은 저작권법의 보호를 받으므로 무단전재와 무단복제를 금합니다.
이 책 내용의 전부 또는 일부를 재사용하려면 반드시 저작권자와 성바오로출판사의 동의를 얻어야 합니다.

어느 신앙인의 고백

벼랑 끝에서 임을 만나다

최현희 글

성바오로

추천의 글 1

수많은 애환의 조각들이

　미래의 꿈나무인 청소년들의 교육을 위해 학교와 사회에서 평생 전력을 기울여 온 영문학 박사 최현희(골롬바) 님의 첫 수필집 「벼랑 끝에서 임을 만나다」의 출간을 진심으로 축하드립니다.

　최현희 님은 충청남도 공주에서 2남 5녀 중 4녀로 태어나 전원적인 정취를 만끽하며 성장하였습니다. 그는 훌륭한 부모님 슬하에서 자라면서 여러 형제들과 이웃들을 통하여 돈독한 우애와 사랑을 배웠습니다. 대학에서는 영어교육과를 전공하고 졸업 후 중학교에서 교사로 봉직하였습니다. 천직으로 여기며 행복하고 보람 있는 교직 생활을 하던 중 하늘의 부르심을 받고 수도회에 들어갔으나, 불가피한 사정으로 그 꿈을 이루지 못하였습니다.

　그러나 그의 타고난 성실함과 열정은 열린 마음으로 이 시대의 고민을 함께 나누며 보다 나은, 평화로운 사회 건설을 위해 기여하는 일로 열매를 맺고 있습니다.

　저는 천주교 수원교구 법원이 문을 열 때 수원가톨릭대학교 교수 신부로 있으면서 법원의 성소보호검사 임무를 맡았는데, 당시 천주섭리수녀회 소속으로 교구 법원에 파견되어 행정실무자로 일하던 최현희 님을 만났습니다. 그는 수도자로서 늘 다소곳한 모습으로 주어진 임무를 체계적으로 꼼꼼히 수행할 뿐만 아니라, 밝은 얼굴로 만나는 이들을 따뜻하게 대하고 언제나 반듯한 예의와 인품으로 자신을 드러내곤 하였습니다.

글쓴이 최현희 님은 최근 건강 문제로 불확실한 미래 앞에서 고심하던 중 지난날을 회상하고 싶은 마음에 이 책을 펴내게 되었습니다. 이 책은 인간 최현희가 신앙인으로서 겪은 곡절 많은 인생의 체험담을 진솔하게 담은 고백록입니다. 이 안에는 한 인간이 겪을 수 있는 다양한 기쁨과 환희는 물론, 피하고 싶은 고뇌와 좌절, 역경, 모든 것을 포기하고픈 순간들 등 수많은 희로애락의 조각들이 모자이크처럼 다양한 색깔로 짜여 있습니다. 부끄러워 감추고 싶은 개인적인 이야기들도 있고, 이웃이나 제자들과 허물없이 천진난만하게 지낸 이야기도 있습니다. 평범한 이웃의 모습, 그리고 온화하면서도 감동적인 교육자의 모습도 있습니다. 이 세상 순례의 길, 여행길에 만났던 모든 이들과 연령의 높고 낮음에 상관없이 깊은 친교와 사랑을 나누는 모습에서 아름다운 마음과 인격을 갖춘 사람이라고 생각합니다. 특히 캐나다를 여행하며 느꼈던 자연과의 교감에서 자연친화적인 그의 모습을 엿볼 수 있습니다. 그는 사람들과 자연과의 만남을 그 자체로 매우 신비스럽고 은혜로운 하느님의 선물이라고 보고 있습니다.

이 책에 흐르는 일관된 주제는 하느님의 일하심입니다. 하느님께서 우리의 삶과 생명의 주인이라는 점입니다. 우리의 삶과 사회의 예절 · 가치 · 윤리 정신, 그리고 사상의 근거가 어디 있는지 그는 묻고 있습니다. 그 바탕과 기초는 하느님께 대한 이해와 인식에서 비롯되며, 우리 생명의 근본적인 기원과 종말도 하느님의 소관이라는 것입니다.

  이 책에는 최현희 님의 극적인 삶의 순간들이 여러 부분에서 감동적으로 묘사되고 있습니다. 치열하고도 당당하게 달려온 한 인간의 고백을 통해 삶의 가치와 의미, 절망적 삶을 희망으로 끌어낸 한 신앙인의 모습, 세상을 향한 긍정적이고 희망적인 시각, 삶의 여정에서 만난 이들과의 지속적이고 바람직한 인간관계, 인간에 대한 크신 주님의 사랑 등을 배울 수 있다고 확신합니다.

  많은 이들에게 일독을 권합니다. 최현희 님의 건강 회복을 빌며, 하느님께서 평화의 은총을 내려 주시길 기도합니다.

이용훈 마티아 주교(천주교 수원교구장)

추천의 글 2

우리 함께 더 가요

「벼랑 끝에서 임을 만나다」의 출간을 진심으로 축하드립니다. 마치 목마른 이들에게 성실과 열정으로 다져진 신앙의 시원한 물을 나누어 주듯, 그 깊은 속내 이야기를 모두 진솔하게 펼쳐 보였습니다. 최현희 골룸바 님은 모든 사건과 사물과 자연 안에서 하느님의 섭리를 보았고, 그 어떤 어려움 속에서도 하느님과 대화하는 가운데 기도하였습니다.

우리는 한때 임을 찾아 같은 길을 걸었지만, 다른 길이면 어떻습니까? 임만 찾는다면 그 길이 바른 길이겠지요. 골룸바 님은 삶의 여정에서 만나는 제자, 동료, 지인 등 나이를 불문하고 모든 이들에게 진실한 사랑을 전하고 그들의 삶에 아름다운 추억을 남길 수 있는 은총을 받고 태어난 듯합니다. 글에서도 언급한 것처럼 다정다감한 식구들, 특히 훌륭하신 아버님으로부터 많은 영향을 받은 것 같습니다. 저도 몇 번 뵌 적이 있는데 위트와 사랑이 넘치는 분이었습니다. 우리 수녀원 정원에도 그분의 손길이 여전히 남아 있습니다.

"아는 만큼 가르친다."는 말은 "내가 실천하는 만큼 말한다."와 같은 맥락이 아니겠습니까? 얼마나 힘 있는 말인지요. 골룸바 님의 학구열에 박

수를 보냅니다.

골롬바 님은 우리 수도 공동체와 몸은 멀리 떨어져 있지만 마음으로는 잊은 적이 없습니다. 바쁜 와중에도 동기 수녀님들의 부모님이 돌아가시면 꼭 참석하여 위로해 주고, 수도회와 애덕가정양로원에도 지속적으로 후원하고 있습니다. 동기 수녀님의 미술 전시회에도 참석하여 격려하면서 작품을 구입하기도 하고, 모든 수녀님들을 만날 때마다 "언제 한번 놀러오세요."가 인사입니다.

이렇게 천사 같은 친구의 건강에 어떤 징후가 있는 듯해서 염려가 됩니다. 우리의 걱정이 무슨 도움이 되겠습니까? 하느님의 손길에 모든 것을 맡기고 신뢰하는 마음으로, 골롬바 님이 더 많은 사람들에게 사랑과 삶의 의미를 선사하는 사람이 되기를 기도합니다. 많은 분들이 이 책을 읽었으면 하는 소망입니다.

골롬바 님! 사랑해요. 용기를 갖고 우리 함께 '임 찾아 나선 길'을 조금만 더 걸어가요.

정애숙 헬레나 수녀 (천주섭리수녀회 전 관구장)

글을 시작하며

1996년, 8년간의 수도 생활을 마치고 다시 세상에 나왔을 때 내 나이 39살이었다. 벌써 친구들은 안락한 집에서 든든한 남편과 장성한 자녀들을 둔 가운데 안정된 생활로 접어들고 있었다. 친구들이 한자리에서 뿌리를 내리고 장성한 나무로 우뚝 서 있는 동안, 나는 수도회에서 갓 나와 가진 것도, 이룬 것도 없는 그야말로 빈털터리 신세였다. 남편도, 자식도, 일할 직장도, 살 집도 없는 무일푼의 볼품없는 백수였다.

두 동생도 결혼하여 어엿한 가정을 이루고 자녀를 기르며 제 몫을 다하고 있는데, 나는 순식간에 내 한 몸도 건사하지 못한 채 연로한 부모님에게 빌붙어 살아야 하는 못난 자식이 되고 말았다. 어디서부터 내 삶이 이렇게 잘못된 것일까? 정말 누구보다 열심히 성실하게 살아온 것 같은데…. 나도 내 삶이 이해되지 않았다. 그래서 하느님을 원망하였다.

"저, 정말 열심히 살았잖아요. 하느님도 잘 아시죠?"

"그렇지!" 하느님은 대답하셨다.

"그런데 지금 제가 왜 이렇게 됐나요?"

"네가 원했잖아! 교사가 되겠다고 해서 그렇게 해 주었고, 수도자가 되겠다고 해서 그렇게 해 주었잖아. 나는 잘못 없다." 그분은 남 얘기하듯 무심하게 말씀하신다.

"물론 그랬지요. 그래도 하느님은 모든 앞날을 훤히 아시는 분이니, 제가 이렇게 될 줄 아셨으면 간청해도 들어주지 않으셨어야지요. 사랑하는 아기가 아무것도 모른 채 위험한 칼을 달라 했다고, 그냥 주는 부모도 있나요?" 나는 물러서지 않고 따졌다.

"그래도 나는 너를 사랑한다." 하느님은 여유만만이시다.

"사랑하면 뭐 해요? 제 꼴이 도대체 이게 뭐냐고요!" 나는 계속 투정을 부린다.

"……." 답답하다.

나는 정말 이해할 수 없었다. 어쩌다 내가 이리 되었을까? 누구보다 자랑스러운 딸이었고, 사랑스런 동생이었고, 든든한 언니이자 누나였으며, 다정한 친구였는데…. 누구보다 존경받는 선생이었는데…. 내가 어쩌다 한순간에 이렇게 되었는지, 좀처럼 의문이 풀리지 않았다. 정말 창피하고 자존심 상해서 살고 싶지가 않았다. 그래서 매일 하느님께 투덜거렸다.

그러던 어느 날 문득 십자가에 달리신 예수님을 보았다. 그랬다. 그분이 나와 똑같은 모습을 하고 있었다. 아니, 그분은 나보다 더 처참한 몰골이었다. 아내도 없고, 자식도 없고, 변변한 직장도 없으며, 안락한 집 한 채 없는 것도 모자라 벌거벗겨지고 십자가에 매달려 사람들로부터 조롱당하고 있었다. 나는 적어도 벌거벗겨지거나 십자가에 매달리지는 않았는데 말이다. 그러니 어떻게 그분 앞에서 내 처지를 불평할 수 있겠는가?

삶이 힘들 때, 자기 자신과 똑같은 처지에 있는 사람을 보면 얼마나 큰 위안이 되던가? 나는 그때 이해하였다. 예수님께서 우리를 구원하러 오셨다는 그 말씀이 무슨 의미인지…. 그토록 높으신 하느님께서 절망에 빠진 우리를 구원하시려고 그토록 비천한 모습으로 오셨다는 말씀을 그제야 이해하게 되었다. 그리고 이렇게 단 한 줄로 표현될 수 있는 진리를 깨우치라고 그리도 혹독한 시련을 주셨나(?) 싶은 생각에, 야속하기도 하고 감사하기도 해서 순간 눈물이 핑 돌았다.

   그분이 나를 다시 일으켜 세우셨다.

   그분이 나에게 다시 살 수 있는 희망을 보여 주셨다.

   그분보다 못한 삶을 살고 있는 이가 이 세상에 또 있겠는가?

   나는 절망할 수 없었다.

   평소 내가 깊이 존경하는 한 사제로부터 얼마 전에 문자를 받았다.

   '○○식당 3인 12시 예약.' 오랜만의 만남이라 참으로 감사하고 기뻤다. 어머니는 높은 양반과 어떻게 식사를 하냐며 걱정이 태산이다. 그분은 높은 분을 두려워하는 어머니를 공손하게 대접하며 편안하게 챙겨 주었다. 그 자리에서 그분은 삶의 전환점에 서 있는 내게 수필집을 한번 내 보라고 권유하였다. 어른 말 잘 안 듣는 어린애의 특성이 다 그렇듯, 나는 말도 안 된다며 손사래를 쳤다.

   글은 널리 세상에 알려진 성공한 사람들의 전유물이라고 생각해 왔던 나로서는 당연한 반응이었다. 그래서 그분의 제안에도 '대중에게 널리 인정받고 사랑받는 장미꽃도 아닌, 하찮은 시골 들꽃 같은 내가 어떻게 책을 펴낸단 말인가?' 하는 생각을 떨쳐 버릴 수가 없었다.

   나 자신을 글로 표현하여 세상에 내놓는 일은, 어쩌면 발가벗은 몸으로 시장 바닥에 나가는 것과 같다고 생각했다. 그만큼 내겐 어려운 일이었다. 온갖 마음의 상처와 실수로 점철된, 보잘것없는 내 삶의 편린들을 세상에 알리고 싶지 않았다. 차라리 한 사람에게라도 감추고 싶은 것이 솔직한 내 심정이었다.

  그럼에도 불구하고 높은 산 위에서 뛰어내리는 심정으로 두 눈 꼭 감고 '수필집'이라는 열 길 물속을 향해 몸을 던지는 용기를 내어 본다. 내 이야기가 절망에 빠진 단 한 사람에게라도 희망과 위로가 된다면 더 이상 바랄 것이 없다. 그리고 이 글은 나의 개인적인 생각이므로, 혹시 독자의 생각과 일치되지 않는 부분이 있더라도 넓은 마음으로 양해를 구하고 싶다.

  끝으로 이렇게 세상에 다시 설 수 있도록 기도해 주신, 존경하는 교회와 수도회의 어르신들과 동료들에게 깊은 감사를 드린다. 또한 늘 격려로 함께한 나의 사랑하는 친구들과 동료 교사들, 제자들에게도 고마운 마음을 전하고 싶다. 그리고 나의 녹록치 않은 삶을 지켜보면서 애태웠을, 어머니 홍 헬레나를 비롯한 사랑하는 가족들에게 감사의 포옹을 보내고 싶다.

최현희

차례

추천의 글 1 ...05
추천의 글 2 ...08
글을 시작하며 ...11

한 걸음 아린 가슴이 풀어헤친 기억들

스티브 잡스, 하늘에 로그인하다 ...20
하느님의 계획과 나의 생각은 다르다 ...25
버킷 리스트 ...30
행복한 삶으로 아이들에게 꿈과 희망이 되자 ...34
학창 시절을 추억하며 행복한 표정으로 말할 수 있도록 ...38
스승의 날에 대하여 ...42
누군가 늘 나와 함께하고 있다 ...46
공기 같은 사람이 있다 ...49
많이 아는 것보다 삶의 지혜가 더 중요하다 ...53
나는 너의 좋은 데를 안단다 ...57
긍정적인 관계는 꼬일 수 있는 문제도 잘 풀리게 한다 ...61

다른 사람을 행복하게 함으로써 나도 행복하다 ...64
그분이 홀로서 가듯 ...67
삶의 여정에서 만남과 떠남은 일상적인 일이다 ...73

두 걸음 임 찾아 나선 길

이젠 모두 추억이 되었어요 ...80
새로운 길 위에 나는 서 있다 ...85
공동체 생활에는 정해진 질서와 규정이 있기 마련이다 ...89
외딸고 높은 산 골짜구니에 살고 싶어라 ...93
내가 잘못했다는 거군요 ...97
사람과 사람 사이에 중요한 것은 일이 아니다 ...100
순간순간의 만남이 소중하다 ...104
모든 이에게는 각자의 길이 있다 ...108
북한에서 온 여자 ...115
혼자 길을 떠나도 그곳에서 또 다른 새로운 사람을 만나게 된다 ...118
태양이 작열하는 여름이 지나면 결실의 계절이 ...123
검푸른 나무들이 고요히 숨죽여 기도하다 ...130
한쪽 문이 닫히면 다른 쪽 문이 열린다 ...136

다른 차들은 모두 어디로 갔을까 ...140
벼랑 끝에서, 찾던 임을 ...146

세 걸음 함께 가는 길

구일신 일일신 우일신 ...154
그때서야 어머니의 깊은 사랑을 깨달을 수 있었다 ...157
양날의 칼 ...165
아무것도 하지 말고 가만히 계시라 ...172
벽돌 하나 더 올려놓다 ...176
요코 이야기 ...180
나는 어디로 가야 하나 ...184
다인종은 여러 가지 꽃이 피어 있는 꽃밭이다 ...188
우리 자신이 하느님이 머무시는 성전이라니! ...192
계획했던 꿈보다 더 큰 은총으로 나의 삶을 축복하셨다 ...196
구름 뒤 태양은 다시 뜨고 ...200

:: 한 걸음

아린 가슴이 풀어헤친 기억들

스티브 잡스, 하늘에 로그인하다

 개인용 컴퓨터 산업의 개척자로 불리는 스티브 잡스가 2011년 10월 5일 56세로 아쉽게도 세상과 이별하였다. 그날, 나의 건강에도 이상 징후가 있다는 반갑지 않은 소식을 들었다. 의사는 나에게 '폐 림프관평활근종증Lymphangioleiomyomatosis'이라는, 보통 사전에도 나오지 않는 긴 병명을 적어 주며 희귀 질환이라는 진단까지 보태어 설명해 주었다. 사실 그동안 내 건강에 이상 징후가 나타나고 있다는 것을 전혀 느끼지 못하였다. 1년 전에 종합 검진을 받을 때만 해도 엑스레이X-ray 촬영에서 폐가 정상이었다. 그런데 폐의 CT 영상에서는 '다발성 낭종'이 관찰된다며, 특별한 증상이 없으면 1년 후 추적 관찰하라는 소견이 있었다. 그래서 이를 이행하기 위해 무심히 병원을 찾아갔는데 그 놀라운 소식을 들은 것이다.
 의사는 1년에 한두 명에게 발견되는 희귀 질환으로 현재 특별한 치료 방법은 없으니 기다려 보면서 관찰하자고만 하였다. 건강 검진은 병을 조기에 발견하여 건강을 유지하기 위해 있는 것 아닌가. 그런데 이렇게 일찍 병을 알아내고도 아무 조치를 취하지 못하고, 그저 무방비 상태로 병을 키우며 지켜봐야 하다니…. 이보다 더 무력한 일이 또 어디 있겠는가? 엑스레이 촬영으로 끝났으면 몰랐을 병을, CT를 동원하여 알게 된 것은 분명 경이롭고 위대한 현대 의학 덕분이다. 하지만 치료 방법이 없다는 것 또한 현대 의학의 한계임에 틀림없는 듯하다. 결론은 이렇다. 질병의 진행 과정을 대략 1~10단계로 분류해 볼 때, 지금은 1단계에서 2단계로 넘어가는 초기라 치료하면 오히려 부작용이 예상되므로 딱히 방법이 없다는 것이다. 그저 지켜보는 것이 최선이라는 얘기다.

그런데 놀라운 일은, 이상하리만큼 마음이 평온했다. 아마 그 모든 일이 아직 현실로 나에게 다가오지 않아서인 듯싶다.

시한부 인생! 따지고 보면 누구나 시한부 인생을 산다. 그러나 사는 동안 우리는 자신의 인생이 시한부라고 생각하지 않는다. 함께 살고 사랑했던 많은 사람들이 시시각각 눈에 보이는 이 세상에서 눈에 보이지 않는 저세상으로 가건만, 그것은 언제나 타인의 일일 뿐 나에게는 영원히 일어나지 않을 일이라고 생각한다. 이 세상의 종말이 언젠가 나에게도 현실이 될 것임을 이론적으로는 너무나 잘 알고 있으면서도, 현실적으로는 막연하게만 생각할 뿐 온몸으로 깨닫지 못한다. 어쩌면 다행인지도 모른다. 이 세상에 살면서 언젠가 안착安着해야 하는 저세상만을 생각하며 걱정한다면, 지금 여기에서 누려야 할 기쁨과 즐거움은 존재하지 못할 것이다. 그러나 인간이 천년만년 살 것처럼 죽음 이후의 세상을 전혀 모른 체하는 것이야말로 중요한 삶의 가치를 유보하거나 외면하는 일은 아닐까?

 사람들은 모두 행복을 추구하며 산다. 그렇다면 행복이란 무엇일까? '욕구와 욕망이 충족되어 즐거움을 느끼는 상태, 또는 생활에서 기쁨과 만족감을 느껴 흐뭇한 상태'라고 사전은 일목요연하게 설명하고 있다. 그 욕구와 욕망을 채우기 위해, 많은 사람들은 자기 삶의 좌표가 무엇인지도 모른 채 동분서주한다. 어떤 이는 명예를 찾아, 어떤 이는 권력을 찾아, 어떤 이는 지식을 찾아, 어떤 이는 재물을 찾아 전력으로 질주한다. 그 가운데 온갖 행복을 보장해 준다고 믿는 '돈'에 모든 것을 걸고 있다. 그래서 '돈, 돈, 돈.' 하며 언제나 노심초사한다.

 그러나 세상의 온갖 명예와 돈을 얻었다던 스티브 잡스도 결국 저세상으로 갔다. 영어로 "Steve Jobs passed away."라고 표현한다. 지나갔다는 뜻이다. 어디로 간 것일까? 우리 눈으로 볼 수 없는 곳으로, 우리 귀로 들을 수 없는 먼 곳으로 갔다. 그래서 '스티브 잡스, 오늘 하늘에 로그인log-in'이라는 신문 기사의 제목은 참으로 마음에 와 닿는다. 여기서 말하고 싶은 것은, 저세상으로 갔다는 것이 불행을 의미하지 않는다는 것이다. 언젠가는 우리 모두가 갈 곳이기에….

 유한한 삶을 마주하게 되면 해야 할 것과 하지 말아야 할 것이 분명해진다. 중요한 것은, 어떻게 살다가 이 세상을 하직하고 저세상으로 가느냐이다. 하느님께서는 이 세상에서 얼마나 공부를 많이 했는지, 얼마나 높은 지위에 있었는지, 얼마나 많은 돈을 벌었는지, 얼마나 좋은 집에 살았는지, 얼마나 멋진 차를 타고 다녔는지, 얼마나 많은 자식을 두었는지, 결혼을 했는지 안 했는지에 대해서는 묻지 않으실 것이다. 주어진 상황에서 얼마나 성실하게 최선을 다하며 살았는지, 주어진 고통과 슬픔을 얼마나 슬기롭게 견디어 냈는지, 만나는 사람들과 얼마만큼 웃음과 사랑을 나누었는지가 이 세상 삶의 평가 기준이자 핵심적인 질문이 될 것이다.

스티브 잡스가 던진 질문은 이러하다. "오늘이 인생의 마지막 날이라 해도 나는 지금부터 하려는 바로 이 일을 하겠는가?" 하느님께 가는 길은 사랑의 길이다. 그날그날 주어진 평범하고 소소한 일과 속에서 사랑을 실천하는 길이다. 소화 데레사 성녀는 대 데레사 성녀의 위대함을 존경했지만, 억지로 그렇게 되려고 하지는 않았다. 오히려 평범한 일상을 충실히 살아가는 과정 안에서 하느님 사랑을 실천하며 겸손한 삶으로 모범을 보여 주었다.

나 역시 마찬가지다. 내게 찾아온 희귀 질환은 이제까지의 내 삶을 반성하고, 얼마일지 모르는 남은 삶을 어떻게 가꿔 나가야 하는지 분명하게 보여 주는 은총의 기회가 될 것이다. "죽음은 인생을 바꾸는 동인 "이라는 스티브 잡스의 말처럼. 이 순간, 나의 말과

행동으로 알게 모르게 상처 받은 모든 분들에게 다소곳이 무릎을
꿇고 용서를 청한다.

사랑하는 하느님! 오늘이 처음이자 마지막 날임을 모두가 인식하고 산다면 세상은 많이 달라질 것입니다. 당신이 베푸신 모든 은총에 감사드립니다.

하느님의 계획과 나의 생각은 다르다

하느님의 계획은 나의 생각과 다르다. 올해로 86세가 되시는 어머니를 모시고 사는 나는, 어머니가 돌아가신 후 혼자 남게 될 나의 삶을 은근히 걱정해 왔다. 그러나 지금으로서는 그 일조차도 예측할 수 없게 되었다. 나를 비롯하여 많은 이들이 이렇듯 현재 주어진 삶에서 기쁨과 행복을 느끼려고 하기보다는 쓸데없는 고민과 걱정을 앞세우면서 시간을 허비한다. 이제라도 누가 어머니를 모시게 될 것인가를 걱정하는 등 불필요한 염려로 시간을 낭비하지 않기로 마음을 다져 본다.

"내일을 걱정하지 마라."(마태 6,34)는 예수님의 친절하신 가르침을 마음에 새기게 된다. 하늘나라에 들어가려면 어린이처럼 되라고 주님은 말씀하신다. 어린이의 특성 가운데 하나가 두려움을 모르고 앞날을 걱정하지 않는다는 점일 것이다. 그들은 전적으로 어머니의 사랑을 신뢰한다. 엄마가 잘 보살펴 줄 거라는 온전한 믿음 하나만 갖고 그 무엇도 두려워하지 않는다. 두려움이 없기에 걱정하지 않고, 걱정이 없으니 심각하지 않다. 심각하지 않으니 작은 일에도 쉽게 웃고, 단순하고 소박하며, 꾸밈없이 살아가는 것이다.

아이를 사랑하는 어머니처럼 하느님께서 무한한 당신 사랑을 내게 보여 주셨음을 의심하지 않는다. 교사가 되겠다는 어린 시절의 꿈을 이루어 주셔서 학생들과 함께하는 기쁘고 보람 있는 일에 열정을 불태울 수 있는 기회를 주셨다. 수도자가 되겠다고 소망하였을 때도, 주님은 고결한 수도회로 나를 인도해 주셔서 짧지 않은 시간 동안 그곳에서 머무를 수 있는 은총도 허락하셨다. 수도회를 퇴회한 후 앞날과 생계가 막막하던 상황에서, 나는 주님께 쉴 수 있는 조촐한 집과 평생 일할 곳만 마련해 달라고 기도하였다. 좋으신 주님께서는 이번에도 차고 넘치도록 채우고 눌러서 베풀어 주셨다.

하느님께서는 나의 청을 마다하지 않으시고 언제나 다 들어주셨다. 그래서 한동안 나는 겁이 나서 하느님께 더 이상 청을 드릴 수가 없었다. 청하는 것마다 다 들어주시니 오히려 신중해진 것이다. 다음에는 무슨 청을 드릴까 하고 오랜 기간 혼자 행복한 고민을 하기도 했다. 그리고 마침내 청을 드렸다. 하느님, 당신 뜻대로 하소서!

나에게 앞으로 무슨 일이 일어날지 아무도 모른다. 오직 하느님만이 아신다. 이 세상에서 살아갈 날들이 얼마나 남아 있는지도 미지수다. 다른 대학 병원에서 다시 검진을 받아 본 결과, 아직 초기이며 젊은 사람은 아니기에 더 악화되지 않을 수도 있다는 긍정적인 소견을 들려주었다. 희망을 가지라는 기쁜 소식이리라. 모든 것을 하느님의 뜻에 맡길 수밖에 없다. 우리의 삶이 온전히 우리의 것이 아니고, 잠시 주님으로부터 빌려 쓰는 것이라는 엄연한 진리를 깨닫는 은총의 순간이다. 아기가 부모의 사랑에 온전히 의탁하듯이, 나 역시 하늘에 계신 아버지의 계획에 내 삶을 온전히 맡겨 드린다.

「인생 수업」의 저자 엘리자베스 퀴블러-로스Elisabeth Kübler-Ross와 데이비드 케슬러David Kessler는, 죽음에 직면한 사람들이 가장 많이 하는 후회가 '인생을 너무 심각하게 산 것'이었다고 말한다. 그들은 죽음에 대해 이렇게 말하고 있다.

다른 이들의 삶과 죽음을 보면서 우리는 종종 그들이 너무 일찍 갔다고 말합니다. 우리는 그들의 삶이 미완성이라고 생각하지만, 삶의 완성에는 단 두 가지가 필요할 뿐입니다. 탄생과 죽음이 그것입니다. 우리는 100세 가까이 살면서 멋진 삶을 완성된 삶인 양 생각합니다. 그렇지 않으면 미완성인 채로 살다가 죽었다고 여깁니다. 베토벤은 '겨우' 57세를 살았으나, 그가 남긴 업적은 말로 다할 수 없습니다. 잔 다르크 역시 20세도 안 되어 죽었지만, 오늘날까지 기억되며 추앙받고 있습니다. 존 F. 케네디 주니어도 아내와 처제와 함께 38살에 죽음을 맞았습니다. 그는 끝내 백악관에 입성하지 못했지만 어떤 미국 대통령보다도 많은 사랑을 받았습니다. 이런 삶을 과연 미완성이라고 할 수 있을까요?

위대한 이름을 세상에 남기고 떠난 베토벤, 잔 다르크, 케네디 대통령의 짧은 생애가 보통 사람들에게는 위로가 되지 않을지도 모른다. 호랑이는 죽어서 가죽을 남기고 사람은 죽어서 이름을 남긴다고 했으니까.

그러나 보통 사람의 어떤 죽음도 이분의 죽음보다 더 불행하다고 말할 수는 없을 것이다. 우리의 위로자이며 삶의 길이신 예수님! 그분은 33세라는 지극히 짧은 생애 동안 뚜렷한 업적도 남기지 않으셨다. 그분은 세상이 주는 권력과 영예도 맛보지 못하셨다. 따르던 제자 하나가 그분을 고발하고, 다른 제자들은 무력하게 끌려가는 그분의 모습에 실망하여 모두 달아났다. 베드로만이 뒤따라가서 숨은 채 지켜보았지만, 끝내 "나는 그 사람을 알지 못하오."(마태 26,74) 하며 그분을 배반하고 거짓이면 천벌이라도 받겠다고 맹세한다. 영광은 없고 고통과 배반과 모욕만 남은 죽음이었다. 그분의 죽음, 그것은 마지막 순간까지도 피할 수만 있다면 피하고 싶었던 극심한 고통이었다. 그러나 그분은 "제 뜻이 아니라 아버지의 뜻이 이루어지게 하십시오."(루카 22,42)라고 기도하며 하느님의 계획에 철저히 순종하셨다. 아버지를 믿고 아버지의 뜻에 따라 사랑의 길을 걸으셨던 예수님의 삶이 그래서 우리의 모범이 되는 것이리라. 그분은 2000년이 지난 지금까지도 우리와 함께 사신다.

"우리에게 쓰라린 시련처럼 보이는 것은 때때로 하느님의 숨겨진 축복이다."라는 오스카 와일드Oscar Wilde의 말처럼, 세상의 고통 이면에 하느님의 깊은 사랑이 있음을 믿는다.

이제, 일상으로 여기던 평범한 일들이 모두 소중하게 다가온다. 지금 아무런 불편 없이 숨을 쉬고, 걸어 다니며, 먹을 수 있다는 것이 얼마나 감사하고 행복한 일인지 깊이 깨닫게 된다.

> 하느님! 어떤 식으로든 제게 주시는 모든 것이 아버지께서 주시는 최상의 길임을 믿고 있습니다. 저희 생각과 당신의 계획은 다르며, 당신의 깊은 뜻을 유한한 인간으로서는 헤아릴 수 없다는 것도 잘 알고 있습니다. 당신께 모든 것을 맡겨 드립니다.

버킷 리스트

새벽 4시 56분. 건강했던 내가 몸에 이상이 있다는 진단을 받고 좀 예민해졌나 보다. 여느 때 같으면 눈을 떠도 다시 잠들 시간인데 도통 잘 수가 없다. '마음이 편해야 잠도 잘 잔다.'는 말이 틀리지 않음을 새삼 실감했다. 때론 아무 증상도 없는데 내가 너무 민감하게 반응하는 것은 아닌가 하는 생각이 들고, 때론 하느님의 경고를 너무 태평하게 받아들이는 것은 아닌가 하는 생각에 정신이 번쩍 들기도 한다. 아무튼 이 시간이 삶을 되돌아보라는 경고의 시간임에는 틀림없다. 하느님께서 "준비됐느냐?" 하고 물으시면 "준비됐어요!" 하고 경쾌하게 응답하고 싶다.

2011년에 방송된 TV 드라마 '여인의 향기'(SBS)에 나오는 주인공 '연재'처럼 버킷리스트(bucket list, 죽기 전에 해 보고 싶은 일을 적은 목록을 가리키는 말-편집자 주)를 써야 할 것 같다. 마음이 편안한 것을 보면 인생에 후회는 없는 것 같아 스스로에게 후한 점수를 주고 싶다. 살면서 하고 싶은 일들이 있었는데, 그 일을 다 할 수 있도록 하느님께서 크신 은총을 베풀어 주셨다. 참으로 감사하다. 이제 앞으로 해야 할 일들을 떠올려 본다. 시간을 잡지 못해 차일피일 미루기만 했던 제자들과의 식사 약속, 전시회에 가서 그림을 사겠다고 한 후 소식을 전하지 못한 후배에게 연락하는 일, 오른 물가만큼 몇몇 복지 단체의 기부금을 인상하는 일, 많은 시간 나 자신과 마주하며 기도하기, 연금 문제와 보험, 무엇보다 어머니가 마음의 준비를 하실 수 있도록 배려하는 일 등…. 그런데 탱고 배우기, 웨딩드레스 입어 보기, 데이트해 보기, 하루 동안 영화 속 주인공처럼 살아 보기 같은, 드라마 속의 연재가 떠올렸던 낭만적 버킷 리스트와는 너무도 거리가 멀다. 나이가 든 탓일까?

그동안 충분히 사랑하고 시간을 나눈 친숙한 사람들보다는, 아직도 나의 사랑과 도움이 필요하고 이런저런 이유로 함께 시간을 보내지 못했던 사람들이 이 순간 더 마음에 걸린다. 평소 모두에게 사람의 도리를 다하고 살아야 했는데, 그런 면에서 나는 턱없이 부족하게 살아온 것을 숨길 수가 없다.

밤늦게 집에 돌아와서 방문을 열어 보니, 어머니가 단정하게 침대 모서리에 걸터앉아 TV를 보다가 "지금 왔냐?"며 아무 걱정 없는 미소로 나를 맞아 주신다. 저 행복한 미소가 딸이 병들었다는 소식을 들으면 어떻게 변할까 생각해 본다. 그래서 '모르는 것이 약이다.'라는 지혜로운 말도 생겨났나 보다. 미리 말씀드려 긁어 부스럼 만들고 걱정할 일이 무엇인가?

스티브 잡스의 장례에 관한 텔레비전 뉴스를 어머니와 함께 시

청하면서 자연스럽게 죽음에 대해 얘기할 수 있었다. 많은 종교에서 이 세상을 '고뇌의 바다, 귀양살이'로 표현하고 있다며, 저 사람은 '귀양살이'를 다 끝내고 하느님 나라로 가는 거라고 말씀드렸다. 그러니 불쌍해하거나 가여워하며 슬퍼할 일이 아니고, 오히려 축복해야 할 일이라고. 육체를 지닌 우리는 시공간을 초월한 영혼을 보지 못해도 영혼은 우리를 늘 내려다보고 있으므로, 우리가 마음을 열기만 한다면 지구상에 함께 있을 때보다 더 많은 시간을 그들과 함께할 수 있다고 설명해 드렸다. 이것은 연세 많으신 어머니를 위해 드리는 말이기도 했다.

이렇듯 생사生死의 기로에 서 있다고 느끼는 이 시점에서 사람이 제일 먼저 하는 일은 주변 정리다. 사람과의 관계에서 놓친 부분은 없는지, 빚진 것은 없는지, 쓸데없는 물건들을 쌓아 두지는 않았는지…. 일주일 동안 책상과 장롱, 서랍을 모두 정리하였다. 무슨 쓸데없는 자료들을 그토록 정성스레 쌓아 두었는지 아무리 치워도 끝이 보이지 않았다. 내일이 마지막이라고 생각하면, 자료들과 옷들 가운데 어떤 것이 필요하고 어떤 것이 필요 없는지 확연히 드러난다.

마치 즐거운 여행을 떠나기 위해 짐을 꾸리는 사람처럼 이리저리 옷가지를 챙기며 정신없이 돌아다니는 내가 스스로도 참 신기하다. 저세상에 꿀단지라도 숨겨 놓은 것일까? 진정 나는 이 세상에 아무런 미련과 아쉬움이 없는 사람인가? 사랑하는 사람들이 살고 있는 이 세상에 미련이 없는 사람은 얼마 되지 않을 것이다. 아직은 몸에 나타나는 증상이 없기에 내 병이 현실로 느껴지지 않을 뿐이다. 그러나 현실로 다가온다 해도 하느님의 은총으로 앞으로도 계속 이렇게 평정심을 유지했으면 좋겠다. 피할 수 있는 상황이라면 최선을 다해야겠지만, 어쩔 수 없는 일이라면 하느님의 뜻에 기꺼이 순응하는 것도 현명한 선택이지 않을까?

> 오, 나의 주님! 모든 이들 안에서 당신이 허락하신 모든 일들이 평화로운 가운데 이루어지게 하소서.

> 행복한 삶으로
> 아이들에게 꿈과 희망이 되자

　청소년들은 지금보다 미래가 더 신나고 행복할 거라는 희망을 가지고 앞날에 대한 꿈을 꾼다. 시골에서 태어난 나는 어린 시절에 버스 탈 기회가 그리 많지 않았다. 초등학교에 입학하기 전 어느 날, 아버지는 시내로 시집 간 고모를 만나러 나와 남동생을 데리고 버스를 타셨다. 하루에 한두 번 다니는 버스는 덜커덩거리는 요란한 소리를 내며, 포장도 되지 않은 신작로 위를 아슬아슬하게 지나갔다. 뭉게구름처럼 뽀얀 먼지를 뒤로하고 달리는 버스는, 내 작은 발 하나 디딜 틈 없이 퀴퀴한 냄새를 풍기는 시골 사람들로 가득 차 있었다. 버스는 정거장에 설 때마다 많은 사람들을 태우고 다시 쏟아 냈다. 목적지에 도착할 즈음엔 버스 안도 한산해져서 맨 뒷좌석에 앉아 있는 사람은 버스가 덜컹거릴 때마다 머리가 천장까지 닿을 정도로 튀어 오르며 널뛰기를 했다. 어린 나는 덜컹거리는 버스 안에서 널뛰기하는 것이 너무 신나고 재미있어서 매일 버스를 타는 차장 언니를 부러워했다. 버스 요금을 카드로 결제하는 오늘날과 달리, 예전엔 버스 안에 유니폼을 입은 차장이 있어 승객들을 안내하거나 일일이 차비를 받았다.

　많은 차들 가운데 광주 고속버스가 있었다. 그 버스는 덜컹거리고 낡아 빠진 시골 버스와 달리, 깔끔하게 세수하고 빨간색으로 곱게 단장한 채 서울까지 한 번도 쉬지 않고 간다고 했다. 또 지날 때마다 길을 비키라는 거만한 굉음을 빽 내지르며 뿌연 먼지와 함께 쏜살같이 사라지곤 했다. 그 길을 오가던 아이들은 굉음에 깜짝 놀라서 논둑으로, 산자락 아래로, 들판으로 먼지를 피해 코와 입을 옷으로 틀어막으며 도망쳤다. 그런데 고속버스의 운전석 옆에는 말끔하게 차려입은 차장 언니가 한 명 앉아 있었다. 예쁘게 치장하고 매일 버스를 타는 그 언니가 부러워서, 어린 시절 나는 버스 차장이 되겠다는 꿈을 꾸었다.

　초등학교에 들어가면서 나의 꿈은 초등학교 교사로 바뀌었다. 운동장 조례가 있는 날, 곱게 단장하고 뾰족 구두를 신은 채 높은 계단에서 내려오는 여자 선생님의 모습은 '버스 차장'이라는 내 꿈을 바꾸어 놓고도 남을 만큼 근사해 보였다. 예쁘게 꾸민 선생님이 운동장에 서 있는 학생들 사이를 지날 때마다 평소에 맡을 수 없는 기분 좋은 향수 냄새가 그윽하게 퍼져 나갔다. 어디 그뿐인가? 손에 때가 덕지덕지 붙어 있는 시골 아이들에게 곱디고운 선생님의 손은 선망의 대상이었다.

　아이들에게 당시 선생님은 화장실도 가지 않고 밥도 먹지 않는 신비스런 존재로 보였다. 나도 그런 교사가 되고 싶었고, 막연히 섬마을 교사를 꿈꾸기도 했다. 공부를 가르치는 모습이 아닌, 방과 후 황혼이 지는 저녁에 넓고 아름다운 갯벌에서 아이들과 함께 조개를 줍는 모습을 상상했다. 아마 하늘같이 먼 교사의 존재를 다정하고 친근한 존재로 아이들에게 보여 주고 싶었을 것이다.

초등학교 수업을 마치고 돌아오면, 나는 여동생과 이웃집 친척을 뒤뜰에 모아 놓고 흰 벽에 새를 그려 가며 "몇 마리의 새가 나무에 앉아 있었는데 몇 마리가 날아갔다. 그러면 몇 마리 새가 남았겠느냐?" 하고 물으면서 산수 선생님 흉내를 냈다. 긴 막대기를 손에 들고 이리저리 왔다 갔다 하면서 출석을 부르는 것도 잊지 않았다. 어머니와 큰언니는 뒤뜰로 몰래 숨어들어 와 우리가 하는 소꿉장난을 지켜보면서 쿡쿡거리며 애써 웃음을 참곤 했다.

그래서 대학 시절, 교직 과목은 나에게 제일 흥미로운 수업이었다. 당시 시골 초등학교 교장이었던 이오덕 선생님과 요한 페스탈로치Johann Heinrich Pestalozzi 등 많은 교육 이론가들의 책을 즐겨 읽으며 교사의 꿈을 구체화시켰다. 아이들이 운동장에서는 떠들 수 있는데, 왜 교실에서는 안 되는가? 왜 교사는 아이들 앞에서 매를 들고 권위만 내세우는가? 교사가 아이들과 함께 뒹굴고 아이들의 더러운 손을 거침없이 만지는데 신사복이 적당한가? 이런 생각들은 당시만 해도 상당히 개혁적이고 급진적이며 파격적인 것들이었다.

요즘 일부 학생들이 교사들에게 대들고 조롱하고 심지어 폭력을 휘두르는 상황과는 아주 상반된 교육 환경이었다. 절대적인 정보력을 가진 교사는 늘 강력한 우위성을 가지고 지도하였고, 뭘 잘 모르는 순박한 학생들은 교사의 말이라면 무조건 따르는 분위기였다. 하지만 지금은 모든 것이 크게 달라졌다. 어떤 부분에서는 오히려 아이들의 능력이 교사보다 더 나을 때도 있다. 컴퓨터 실력이 수준급인 아이들도 있고, 영어도 외국에 다녀온 아이들이 발음이나 언어 구사력 측면에서 교사보다 월등한 경우가 있다. 그렇다고 세계를 상대로 경쟁하며 살아야 할 우리 아이들의 능력을 일부러 교사보다 못한 수준에서 머물게 할 수도 없는 노릇이다.

 청소년들은 자기보다 더 나은 뭔가를 보고 희망을 가지며 꿈을 꾼다. 청소년들에게 꿈이 되지 못하고, 희망이 되지 못하고, 눈에 보이는 표징이 되지 못한다면 모두에게 불행한 일이 될 것이다. 기성세대가 무엇으로 아이들의 꿈과 희망이 되어야 할지 생각해 볼 일이다.

> 오, 사랑하는 하느님! 무엇으로 아이들에게 꿈과 희망이 될 수 있을까요? 기능적인 면이 아닌 정서적인 면, 서로의 사랑과 나눔과 존중으로 그들에게 행복한 삶의 표징이 되어야 하지 않을까요?

학창 시절을 추억하며
행복한 표정으로 말할 수 있도록

　내가 어릴 적에는 교사가 아이들에게 지금처럼 만만한 존재가 아니었다. 선생님 앞에 서면 괜스레 코를 훌쩍거리며 말도 제대로 못하고 어려워하였다. '스승의 그림자도 밟지 않는다.'는 말이 통하던 시절이다. 그래서 나는 만만한 교사가 되고 싶었다. 멀리 있는 어려운 교사가 아니라 이웃집 언니처럼 친근하고 다정한 교사가 되고 싶었다.
　그래서 교사가 되면 스스로 지켜야 할 규칙을 몇 가지 정해 놓았다. 여러 교사들이 있는 교무실에서 학생을 혼내지 않기, 어느 반은 잘하는데 어느 반은 못한다는 식의 비교를 하지 않기, 청소 시간엔 될 수 있는 대로 아이들과 함께하기, 담임을 맡은 아이들뿐만 아니라 가르치는 모든 학생들의 이름을 외우기, 수업 시간에 아이들에게 부담 주지 않기, 말로 지시하기보다 먼저 솔선수범하기 등을 가슴에 새겨 두었다.
　이렇게 마음의 준비를 하고 시골 중학교에서 영어를 가르치면서 나의 20대를 보냈다. 나의 꿈이 이루어졌으므로, 교사가 되기 전에 세웠던 규칙들을 지키려고 노력하였다. 수업 시간에 부담을 주지 않고 공부를 시켜야 했기 때문에 숙제를 해 오거나 영어 문장을 암송하면 그 학생이 보는 앞에서 명단에 동그라미를 크게 쳐 주었다. 숙제를 해 오지 않거나 영어 문장을 암송하지 않아도 야단치지는 않았다. 그러나 표시된 동그라미의 개수는 점수에 반영되었다. 당연히 아이들은 열심히 하려고 노력했고, 큰 소리로 외우느라 수업 시간은 늘 소란스러웠다. 동그라미 표시를 해 주면서 명단을 자주 보게 되니 아이들의 이름도 자연스럽게 많이 외울 수 있었다.

청소 시간에도 처음엔 솔선수범하기 위해 비를 들고 아이들이 떠들거나 말거나 교실 바닥을 열심히 쓸었다. 그러나 학생들이 교실, 화장실, 실외, 유리창 등 여러 구역으로 나누어지면서 한 곳에서만 있을 수 없게 되었다. 그 시간에 주번 일지도 검사하여 도장을 찍어 주어야 했으므로 함께 청소하려던 계획은 수정이 불가피해졌다. 이상과 현실이 이렇듯 다를 수 있음을 깨달으면서 '탁상 행정의 맹점이 이런 거구나.' 싶었다.

청소 구역을 돌아다니다 보면, 늘 그렇듯 교사가 있을 때만 청소하는 아이가 있고, 교사가 있든 없든 상관없이 열심히 청소하는 아이가 있다. 후자의 아이들을 보면 대견하고 고맙고 감동스럽기조차 하다. 그리고 이런 학생들처럼 보는 이가 없어도 양심을 지키고 성실하게 사는 우리를 보면, 하느님께서도 참으로 대견해하시겠구나 하는 생각이 들었다.

친근한 교사가 되기 위해, 학생들과 가까운 계곡을 찾아 두껍게 언 얼음 위에서 서로 끌어 주며 썰매를 타기도 했다. 신이 난 아이들은 조그만 등을 들이대고 자기보다 덩치 큰 나를 업어 주겠다며 떼를 썼다. 여름 방학 때는 가까운 냇가에서 물고기를 잡아 매운탕을 함께 끓여 먹으며 즐거운 시간을 보내곤 했다. 성탄 무렵에는 학생들에게 장갑이나 목도리, 털양말 등을 뜨도록 한 다음 가까운 고아원에 찾아가서 놀다 오기도 했다. 지금은 학생들에게 뜨개질을 시키면 부모들이 난리가 나겠지? 그런 생각을 하면 그때 교사 생활을 한 것이 참 다행스럽게 느껴진다.

그러나 중3 담임을 맡게 되면 이런 추억거리를 만들기가 쉽지 않았다. 고입이라는, 당장 눈앞에 닥친 관문이 있는 중3 학생들에게 나는 엄한 교사였다. 그때는 학교에서 학생들에게 매를 들어도 지금처럼 문제가 되지 않았다. 그래서 성적이 나오지 않으면 학생들은 두려워하면서도 으레 교사에게 매 맞을 각오를 했고, 학부모들은 교사를 만날 때마다 하는 인사가 "우리 아이 많이 때려서 잘 가르쳐 달라."였다. 시골에서는 과외나 학원이 없으니 전적으로 모든 것을 학교와 교사가 책임져야 했다. 늦은 밤까지 자습 감독을 하면서 누가 떠드는지 보기 위해 두 눈을 부릅떴고, 모의고사를 못 보면 매를 들기도 했다. 오늘날과는 전혀 다른 교육 환경이었다.

그 후, 중학교 2학년 때 담임을 맡았던 Y, 3학년 때 맡았던 J, 그리고 나, 이렇게 셋이서 우연히 만날 기회가 있었다. 그들은 나를 두고 아주 상반된 추억을 가지고 있었다. Y는 점심시간에 책 읽어 주던 일, 추운 겨울날 계룡산에 놀러 가던 일, 고아원에 찾아간 일, 윷놀이하던 일 등 비교적 기분 좋은 추억을 행복한 표정으로 이야기했다. 그러나 J는 모의고사 결과가 좋지 않아 단체로 매 맞았던 일, 떠들어서 손들고 벌섰던 일 등을 이야기했다. 그다지 행복한 표정이 아니었다. 참으로 미안했다. 먼 훗날, 학창 시절을 추억하면서 행복한 표정으로 말할 수 있는 Y 같은 아이들이 많아지도록, 학교는 인성과 감성을 길러 주는 추억의 장이 되면 좋을 것 같다는 생각을 해 본다.

아무튼 이러한 애증으로 서로의 몸을 부딪치며 자연과 교실 속에서 사제의 연을 맺고 하나가 되었던 추억을 가진 그들은 30여 년이 지난 지금도 가끔씩 이사했다고, 아기를 낳았다고, 직장을 옮겼다고, 아들 돌잔치를 한다고, 아들이 대학에 입학했다고 소식을 전하면서 인연을 이어 가고 있다.

> 오, 하느님! 전 요즘 교사로서의 첫 마음을 잃고, 예전 같지 않은 아이들 탓만 하면서 칭찬 대신 핀잔을 일삼았습니다. 죄송합니다. 부디 제가 교사의 꿈을 이루었을 때 지녔던 열정적인 마음으로 그들을 바라볼 수 있는 은총을 베풀어 주십시오.

스승의 날에 대하여

　스승의 날은 자신에게 가르침을 준 스승을 기억하는 날이다. 그날 제자는 스승에게 선물의 크고 작음을 떠나 자신이 할 수 있는 선에서 꽃 한 송이나 조그만 선물, 아니면 편지 한 장으로 감사와 사랑을 담아 그 마음만 전달하면 된다. 스승은 제자의 정성 어린 마음을 보고 보람을 느끼며, 사랑하는 마음으로 더욱 열심히 가르칠 수 있다.

　스승의 날이 문제가 되어 없애야 한다거나 학년 말인 2월로 옮겨야 한다는 등의 의견이 사회적 이슈가 되는 오늘날의 상황은 안타깝기 그지없다. 이는 스승과 제자 사이에 학부모가 끼어든 탓이라고 생각된다. 스승은 학생의 스승이지 부모의 스승이 아니다. 그러므로 학생 본인이 스승에게 감사할 일이지 부모가 대신 감사할 일은 아니라고 본다. 자녀가 받은 가르침에 대해 부모가 나서서 스승에게 감사를 표하는 것은 자녀가 해야 할 일을 가로채는 월권행위라고 볼 수 있다.

　아이들이 학교에서 배워야 할 것은 교과목뿐만이 아니다. 성숙한 삶의 지혜와 방식도 배워야 한다. 사람과 사람 사이에는 나름대로 도리와 예의를 지키는 아름다운 삶의 방식이 있다. 스승과 제자도 마찬가지다. 스승과 제자 사이의 일을 매번 부모가 나서서 해결해 준다면, 그 학생은 나중에 커서 직장이나 결혼 생활에 문제가 생겨도 스스로 해결하지 못하고 부모에게 의탁하려 할 것이다.

스승은 제자에게 많은 것을 바라지 않는다. 제자는 자신의 위치에서 할 수 있는 감사의 마음만 표시하면 된다. 어느 스승의 날이었다. 교무실에 도착하자마자 한 학생이 꽃 한 송이를 내 가슴에 달아 주었다. 조금 후, 다른 학생들도 모두 꽃을 한 송이씩 들고 내게로 몰려들었다. 당황한 나는 교무실을 뛰어나와 교실로 들어갔다. 학생들은 너도나도 달려들어 내 푸른 점퍼 여기저기에 온통 빨간 카네이션을 꽂아 놓았다. 그들은 그들 나름의 감사함을 그렇게 표현하고 있었다. 시골 부모들은 자녀들이 그렇게 꽃을 사 가지고 선생에게 선물한 것도 몰랐으리라. 바쁜 부모 덕분에 아이들의 자율성과 자립심이 자연스럽게 발휘되고 있었다.

학교가 학생들에게 공부 못지않게 알려 주어야 할 중요한 것은, 다양한 상황에서 생겨날 수 있는 여러 가지 문제들에 직면하여 스스로 해결할 수 있는 능력을 키우는 일일 것이다. 모교인 중학교에서 근무할 당시 학생과에 있으면서 3학년 담임을 맡고 있었다. 중학교 3학년들은 다른 학년과 달리 늦게까지 남아 자습 감독을 해 준 담임을 위해 졸업 전에 작은 선물을 준비하곤 했다. 그런데 교장 선생님이 못하게 하면서 학생회에서 이를 안건에 올려 논의하게 되었다. 학생회 간부들은 선배이자 교사인 내게 자신들은 선물을 하고 싶은데, 교장 선생님이 반대하시니 어찌하면 좋겠냐고 상의해 왔다. 나는 교장 선생님이 반대하시는 이유를 잘 설명해 주었다. 혹 선물이 과도하여 문제가 될까 봐 염려하는 것이라고. 그리고 아이들에게 감사를 표현할 줄 아는 것도 중요하다고 말하면서, 교장 선생님께 직접 가서 너희들의 뜻을 전달하라고 했다. 아이들은 공부만 하는 기계가 아니다. 그러니 예비 사회인으로서 모든 상황에 대처할 수 있는 능력을 키워 주는 것이, 어쩌면 공부보다 훨씬 더 중요하지 않을까? 교사들이 바른 양심과 진정성을 가지고 아이들에게 이런 가르침을 준다면 금상첨화일 것이다.

그때 그 아이들은 이제 중년이 되었다. 지금도 습관처럼 애들이라고 부르다가 "참, 애들이 아니지!" 하고 고쳐 말하면, 제자들은 "언제나 선생님께는 애들이지요."라고 답한다. 그 제자들은 해마다 지금도 스승의 날이면 꽃바구니를 보내 자신들의 마음을 전하고 있다. 그러면 나는 모두 초대하여 밥 한 끼 사면서 함께하지 못한 아이들의 근황을 묻고 서로의 정을 나누곤 한다.

> 사랑하는 하느님, 제자들과 자식처럼 든든한 연을 맺게 해 주셔서 감사드립니다. 또한 행복은 일의 성취보다 인간관계에서 옴을 깨닫게 해 주셔서 감사드립니다. 제자들이 언제나

건강하고 행복한 가정을 이룰 수 있도록 보살펴 주십시오.

누군가 늘 나와 함께하고 있다

집 근처 모교에 근무할 당시, 집에서 학교까지의 거리는 4km로 10리 남짓이었다. 1970년대 중학교 시절에는 친구들과 이야기하면서 그 거리를 날마다 걸어 다녔다. 그러나 교사가 된 1980년대에는 학생들도 별로 걸어 다니는 일이 없어 통근 버스는 언제나 만원이었다. 붐비는 버스 안에서 학생들과 몸을 이리저리 밀치는 것이 힘들고 민망해서, 퇴근 때는 초등학교나 중학교 등 주요한 몇몇 곳에서만 정차하는 직행버스를 타곤 했다. 직행버스는 내가 살고 있는 집을 한 정거장 지나쳐 정차하였다. 그곳에서 집으로 걸어 돌아오는 길은 걷는 속도에 따라 15~20분 정도인데 신작로와 논길로 이어진, 초등학교 6년 내내 다니던 익숙한 길이었다. 친구들과 신작로를 누비며 하교했던 초등학교 때와 달리, 나는 탁 트인 들판 한가운데로 구불구불 나 있는 한적한 논길을 따라 혼자서 집으로 걸어 돌아오곤 했다.

그날그날 학교에서 있었던 아이들과의 크고 작은 일들을 참새처럼 하느님께 조잘대면서 하루를 정리했다. "하느님, 오늘 A 보셨지요? 어쩜 어린 나이에 그런 생각을 할 수 있죠? 모든 학생들이 오랜만에 학교에서 상영하는 영화를 보려고 투박하고 시커먼 천으로 둘러싸인 비좁은 교실에서 땀을 뻘뻘 흘리는 고생도 마다하지 않았는데, 그 애는 옆 교실에서 모든 것에 초연한 듯 혼자서 칠판에 자기가 좋아하는 그림을 그리며 행복한 표정으로 한가롭게 놀고 있었지요. 그 아이를 보면서 신선한 충격을 받았습니다. '그럴 수도 있구나. 모든 사람들이 다 한길을 바라보며 가도 그렇게 혼자서 가지 않을 수도 있구나.' 생각했지요. A는 아마 앞으로 자신만의 독특한 길을 개척하며 행복하게 살 거라는 생각이 드네요!" "하느님, 오늘 M이 아팠습니다. 빨리 완쾌되어야 하는데, 도와주세요." 한편, 이런저런 이유로 아이들에게 매를 들었던 날엔 반성의 기도를 올렸다. "하느님, 오늘 아이들에게 회초리를 들었습니다. 마음이 아프네요. 죄송합니다. 그 매가 아이들에게 상처가 아닌 약이 되게 해 주세요."

해가 뉘엿뉘엿 저물어 가는 저녁, 시골 들판의 맑고 신선한 공기 속에서 풀벌레와 온갖 새들의 노랫소리를 들으며 하느님과 나누던 오붓한 대화는 그날의 피로를 말끔하게 씻어 주고도 남았다. 하느님은 나의 헝클어진 마음을 깔끔하게 정리해 주실 뿐만 아니라 위로해 주셨다. 나는 한결 가벼운 마음으로 집에 돌아올 수 있었다.

'누군가 나의 이야기에 귀 기울여 주고, 늘 나와 함께 있고, 나를 보살펴 주고 있다.'는 느낌은 삶의 커다란 원동력이 된다. '누군가'는 사랑하는 부모나 부부, 형제가 될 수도 있고, 친한 친구나 다정한 지인이 될 수도 있으며, 보이지 않는 수호천사나 하느님이 될 수도 있다. 이러한 '누군가'를 갖는 것은 모두에게 중요하다고 본다. 삶이 힘들고 지칠 때 '누군가'와 이야기하며 나를 객관적으로 돌아보는 시간을 갖게 되면, 눈앞에 닥친 문제가 생각보다 그리 심각하지 않다는 사실을 깨닫게 된다. 그리고 그동안 자신을 휘감았던 불안이나 두려움 같은 부정적인 생각에서 벗어나는 은총의 시간도 누릴 수 있다.

많은 날 나에게 하느님은 벗이요, 상담자요, 위로자요, 모든 것을 따뜻하게 보살펴 주시는 아버지였다. 주님과 함께 나누던 그때의 밀회는 지친 나의 삶에 커다란 생기를 불어넣어 주는 원동력이 되었다.

> 하느님, 당신과 나눈 그때의 밀회는 두고두고 아름다운 추억이 되고 행복한 기억으로 남아 있습니다. 그것이 제 삶의 힘이 되고 기쁨이 되었습니다. 감사합니다.

공기 같은 사람이 있다

중3 담임을 맡으면서 밤늦게 퇴근하는 일이 잦아 작은 스쿠터 (scooter, 소형 오토바이의 하나 – 편집자 주)를 하나 샀으면 하고 소망하였다. 콩나물 같은 통근 버스 안에서 학생들과 몸싸움하는 것을 피할 수도 있고 말이다. 하지만 막연히 생각만 하고 있었는데, 셋째 형부가 아무 말도 없이 작고 예쁜 빨간색 스쿠터를 집으로 보내 주었다. 자전거도 못 타는 형편이라 순간 당황했지만, 이때다 싶어 배우기로 마음먹었다. 아버지는 학교 운동장에서 내게 스쿠터를 가르쳐 주셨다. 뒤에서 힘겹게 잡고 뛰어다니셨는데, 넘어지면 먼 곳에서도 달려와 일으켜 주곤 하셨다. 조그만 스쿠터가 왜 그리도 무겁고 주체를 못하겠던지, 무척 힘들게 배웠던 기억이 눈앞에 생생하다.

'연습하면 안 되는 일이 없다.'(Practice makes perfect)고 했던가. 거듭 연습하니, 완벽하지는 않지만 그런 대로 스쿠터를 끌고 도로 주행을 할 수 있게 되었다. 그래도 염려가 되셨는지, 아버지는 한동안 출퇴근길에 오토바이를 타고 내 뒤를 따라오셨다.

며칠 후, 이제 됐다 싶었던지 아버지께서 혼자 다니라고 하셨다.

두렵고 자신이 없었지만, 마냥 아버지께 폐를 끼칠 순 없어 용기를 냈다. 그런데도 누군가 내 뒤를 계속 따라오며 마구 질주하는 거대한 차량들을 막아 주고 있었다. 온 정신을 앞에만 집중해 있었기에 뒤돌아볼 마음의 여유도 없어 그냥 학교 정문까지 돌진해 갔다. 그 오토바이는 학교까지 뒤따라왔다. 나중에 알고 보니, 30리 길을 매일 오토바이로 출퇴근하던 체육 주임 박영복 선생님이었다. 퇴근 후 집에 오자, 아버지는 뒤따라가던 사람이 누구냐고 물으셨다. 아버지도 혼자 가라고는 하셨지만 마음이 놓이지 않아 산 위에서 지켜보셨던 것이다.

아버지는 지금 내 곁에 없다. 저세상으로 가신 지도 여러 해가 되었다. 하지만 아버지의 그런 모습은 여전히 내 가슴속 깊이 남아 잔잔한 물결처럼 따뜻이 흐르고 있다. 부탁하지 않아도, 알아주지 않아도 마음이 쓰이고 염려가 되어, 상대가 알든 말든 그저 베푸는 이런 작은 마음들이 진정한 사랑의 모습일 것이다. 이런 사랑으로 함께하여 잔잔한 감동을 주었던 모든 분들의 따스한 마음을 돌이켜 새겨 보니 참으로 고맙고 행복하다. 나도 누군가에게 그런 사람이 되고 싶다.

아름다운 사람

조재도

공기 같은 사람이 있다.
편안히 숨 쉴 땐 알지 못하다가
숨 막혀 질식할 땐 절실한 사람이 있다.

나무 그늘 같은 사람이 있다.
그 그늘 아래 쉬고 있을 땐 모르다가
그가 떠난 후
그늘의 서늘함을 느끼게 하는 이가 있다.

이런 이는 얼마 되지 않는다.
매일같이 만나고 부딪히는 게 사람이지만
위안을 주고 편안함을 주는
아름다운 사람은 몇 안 된다.

세상은 이들에 의해 밝아진다.
메마른 민둥산이

돌 틈에 흐르는 물에 의해 윤택해지듯
잿빛 수평선이
띠처럼 걸린 노을에 아름다워지듯

이들이 세상을 사랑하기에
사람들은 세상을 덜 무서워한다.

하느님, 많은 이들의 사랑을 통해 당신 사랑을 제게 드러내셨습니다. 감사하고 감사합니다. 저 또한 그 사랑을 다음 세대에게 전할 수 있도록 해 주십시오. 많이 부족합니다. 당신의 은총이 절실히 필요합니다.

많이 아는 것보다 삶의 지혜가 더 중요하다

시내 여중으로 전근이 되었다. 시내 학교는 이전 학교보다 고향 집에서 더 멀어 불편했지만, 성당이 가까워 그것으로 위안을 삼기로 했다. 처음 며칠간은 집에서 출퇴근하다가, 곧바로 학교 근처에 방을 얻어 자취 생활을 시작했다. 집에서 어머니가 해 주시는 따뜻한 밥을 먹고 다니다가 퇴근 후에 혼자 썰렁한 방에서 밥을 해 먹어야 하는 현실이 낯설기만 했다. 그러나 이 또한 적응해야 할 나의 현실이었다.

시골 학교에서는 학부모들이 농사일에 바빠 학교에 나오는 일이 거의 없었다. 그런데 시내로 오니, 대졸 출신의 잘 차려 입은 학부모들이 학부모 회의를 주도하면서 학교를 자주 방문하였다. 시골에서는 흔하지 않은 일이다. 사실 나는 특별한 경우를 제외하곤 학부모들이 학교에 자주 오는 것을 별로 달가워하지 않는다. 나중에 아이가 커서 직장에 다닐 때도 부모가 일일이 찾아다닐 것인가? 그러니 학교 일은 긴급 사항이 아니면 교사를 믿고, 되도록이면 교사와 아이들이 해결하게끔 맡겨 두었으면 하는 것이 변함없는 내 소신이다.

그러나 시내 학교에서는 학부모들이 관여하면서 우려했던 일이 벌어지고 있었다. 스승의 날, 아이들이 주는 예쁜 꽃 한 송이가 전부였던 시골 학교와 달리 선물도 비싼 잠옷이나 화장품으로 바뀌었다. 학생들은 부모가 대신 교사에게 고마움을 표시해 주니, 다른 데 신경 쓰지 않고 오직 공부만 하면 되었다. 그렇게 아이들은 서서히 세상 물정 모른 채 바보같이 공부만 하는 기계가 되어 가고 있었다. 자연히 사제 관계도 끈끈한 정이 흐르지 않고 일로 만나는 사람들처럼 사무적이 될 수밖에 없었다.

한번은 어느 어머니가 종례 시간에 찾아왔다. 초등학교에 근무한다고 자신을 소개한 어머니는 선물이라며 책을 건네주고 갔다. 어머니가 돌아간 후 포장지를 펼쳐 보니, 책은 책인데 그 안에 봉투가 들어 있었다. 그리 많은 액수는 아니었지만, 촌지라는 것을 처음 받아 보고 괜스레 범죄에 걸려든 사람처럼 당황했다. 받은 촌지를 돌려줄까 하다가 그 어머니도 나와 같은 교사이고 그리 많은 액수도 아니어서, 다음 날 모든 학생들에게 누구 어머니의 부탁이라며 아이스크림과 간식을 사 주는 것으로 대신하였다.

아이들은 내 말이 무슨 뜻인지 잘 이해했을 것이다. 그리고 부모들에게도 전달되었을 것이다. 이후 학부모들은 촌지나 선물을 보내지 않았다. 그러자 아이들이 시골 학교에서처럼 자신들이 할 수 있는 선에서, 예쁜 종이에 쓴 편지나 좋아하는 강아지 인형 등으로 고마움을 전했다. 이 아이들은 훗날 부모의 곁을 떠나 여러 가지 일을 겪어도 스스로 잘 해결하는 건전한 사회인으로 성장하게 될 것이다. 학창 시절부터 그런 능력을 익혔으니까.

시골 학교와 달리 이곳엔 대학 교수를 부모로 둔 학생들도 있었다. 그런 학생들에게는 중등 교사가 그리 대단해 보이지 않을 수 있다. 그런데 존경하지 않는 사람에게 받는 교육이 제대로 이루어질 수 있을까? 그래서 나는 학년이 바뀔 때마다 어느 책에서 읽은 일화를 아이들에게 들려주곤 했다.

생물학 박사를 엄마로 둔 한 초등학생이 있었단다. 어느 날 수업 중에 들판에 나가 여러 식물들을 둘러보다가 선생님에게 어떤 꽃의 이름을 알려 달라고 말했지. 그런데 선생님이 지금은 잘 모르겠으니 다음에 공부해서 알려 주겠다고 했어. 그 아이는 집에 와서 입을 삐쭉거리며 생물학 박사인 엄마에게 물었고, 선생님은 그것도 모른다며 비아냥거렸단다. 아이의 엄마는 물론 그 식물의 이름을 잘 알고 있었어. 하지만 아이가 선생님을 무시하면 다른 교육도 이루어지지 않을 것 같아 염려가 되었지. 그래서 엄마도 모르겠다고 말한 후, 살며시 선생님에게 그 식물의 종과 특성을 자세히 알려 주었단다. 아이에게는 내일 선생님이 가르쳐 주신다고 했으니 잘 배워 오라고 하면서 말이야. 다음 날 학교에서 돌아온 아이는 박사인 엄마도 모르는 것을 선생님이 자세히 알려 주셨다면서 기뻐했어. 엄마는 살며시 미소만 지었단다.

많이 아는 것보다 삶의 지혜가 더 중요하다는 것을 아이들에게 전하고 싶었다. 현명하게 판단하는 일은 매우 중요하다. 현명한 판단은 올바른 행동으로 이어지기 때문이다. 교사보다 나은 능력을 자랑하고 싶은 부모는, 당장은 자기 아이에게 선망의 대상이 될 수 있다. 그러나 나중에 그 아이는 누구도 영원히 존경할 줄 모르는 막무가내로, 배움은 많아도 예의는 모르는 아이로 자라게 될지도 모른다.

청소년들과 직간접적으로 함께하는 기성세대가 가장 중요하게 생각해야 할 점은 아이들의 이를 상하게 하는 달콤한 사탕이 아니라, 미래를 유익하게 만들 한 모금의 쓰디쓴 약을 주는 진정한 사랑이 아닐까.

아버지, 무엇이 아이들에게 유익한 일이 될지 늘 깨어 살피게 해 주십시오. 아이들의 바르지 못한 행동이 꼭 그들만의 탓이 아님을 알고 있습니다. 어른들이 아이들로부터 무엇을 할 기회를 빼앗거나 기다려 주지 않고 서두른 때문입니다. 많이 아는 것보다 삶의 지혜가 더 중요함을 늘 명심하게 해 주십시오.

나는 너의 좋은 데를 안단다

스위스의 알프스는 내가 가장 가고 싶은 곳이다. 아직도 마음으로만 간직한 곳이기도 하다. 시간이 허락된다면 제일 먼저 가 볼 계획이다. 아니면 제일 좋아하는 음식을 마지막까지 남겨 두고 아껴 먹는 아이들처럼 가고픈 마음을 좀 더 키워 보는 것도 괜찮지 싶다.

초등학교 6학년 동창들과 그때 담임이었던 김주한 선생님과 함께 가면 더 의미 있을 것 같다. 1960년대, 선생님은 시골뜨기였던 우리에게 요한나 슈피리 Johanna Spyri 의 「하이디 Heidi」라는 책을 틈틈이 읽어 주시곤 했다. 작품 속에 묘사된 알프스의 아름다운 풍경은 어린 우리의 머릿속에 생생하게 각인되어 상상 속에서 맘껏 펼쳐지곤 했다. 알프스 고원에서 염소를 치던 피터와 함께 크고 작은 예쁜 꽃들 사이를 누비며 활기차게 뛰놀던 소녀 하이디! 그녀는 병약하여 휠체어에 의지해 살고 있는 부유한 집안의 클라라와 친구가 되기 위해 정든 고향과 할아버지와 피터를 떠나야 했다. 푸른 하늘을 배경으로 한 알프스의 광활한 자연 속에서 맘껏 뛰놀며 할아버지와 살았던 삶이 못내 그리워 몽유병으로 시름시름 앓던 하이디의 모습은 우리의 작은 가슴을 참으로 먹먹하게 만들었다.

어른이 된 지금도 그 기억은 생생히 남아, 알프스는 언제나 그리운 마음의 고향으로 잔잔히 내 안에 자리하고 있다. 어린 시절에 접했던 감동적인 동화는 한 사람의 삶에 행복한 추억으로 이토록 오래 간직되기도 한다.

새로운 학교에서는 2학년 담임을 맡게 되었다. 고입을 앞둔 중3 담임 때는 할 수 없던 것인데, 점심시간을 이용해 학생들에게 책을 읽어 주기로 했다. 점심 식사가 끝나면 자유롭게 운동장에서 뛰어놀 사람은 나가고, 듣고 싶은 사람만 교실에 남도록 했다. 그때 읽어 준 시 가운데 하나가 '나는 너의 좋은 데를 안단다'이다.

나는 너의 좋은 데를 안단다

나는 너의 좋은 데를 안단다.
우리가 길 가며 만나는 이마다
그렇게 말한다면
이 낡은 세상도 나아지지 않을까.

우리 서로 부드럽게 대한다면
얼마나 아름답고 복스러울까.

미덥고 정답게 손잡을 때마다
그렇다고 마음으로 알게 된다면
인생이 한결 더 행복하지 않을까.

우리와 더불어 길 가는 이들이
우리 안의 좋은 데 보아 준다면
인생이 한결 더 행복하지 않을까.

우리도 너의 좋은 것만 본다면
그건 너와 내게 있는 흠에도
무언가 좋은 데 있기 때문에
얼마나 얼마나 아름다울까.

이 슬기에 길 가며 생각한다면
너도 나의 좋은 데를 알지.
나는 너의 좋은 데를 안단다.

 이 시에 나오는 구절처럼 누군가 나에게 '나는 너의 좋은 데를 안단다.'라고 말해 준다면 참 행복할 것 같다. 마음이 포근해지고 따뜻해질 것 같다. 세상이 편안해지고, 사람과 사람 사이에도 평화와 사랑이 강물처럼 흐르리라.

"남이 너희에게 해 주기를 바라는 그대로 너희도 남에게 해 주어라."(마태 7,12)라고 예수님은 가르치신다. 남에게 무슨 말과 행동을 하기 전에 다른 사람이 똑같이 나에게 한다면 마음이 어떨지 생각해 보자. 쉽지 않은 일이다. 그러나 나는 할 수 없지만 의식적으로 노력하면 은총 속에서 이루어지리라 믿는다. 노력하는 그 모습을 하느님은 사랑하시므로.

주님, 나약한 인간이기에 저희들은 많은 실수를 반복하며 살고 있습니다. 같은 실수를 여러 번 해도 실망하거나 자책하며 포기하지 않게 해 주십시오. 언제나 당신의 자비가 제 실수보다 더 크다는 것을 믿고 끝까지 노력하게 해 주십시오.

긍정적인 관계는
꼬일 수 있는 문제도 잘 풀리게 한다

 새로운 만남은 언제나 작은 설렘과 긴장을 동반한다. 새로운 반을 맡으면 이번엔 어떤 아이들일까 하는 설렘과 동시에 함께 잘 해낼 수 있을까 하는 긴장이 뒤따른다. 반 아이들을 한 해 전에 가르쳤다는, 교무실 옆 자리에 앉아 있던 사람 좋은 교사 한 분이 "올해 선생님이 맡은 반은 공교롭게도 말썽꾸러기들이 많고, 공부도 제일 못한다."며 한 명 한 명에 대해 상세히 알려 주었다. 그중 K라는 학생은 가출도 많이 하고 말썽도 자주 부리니 주의하라고 했다.

 아이들에 대한 정보를 듣긴 했지만 참고만 할 뿐, K에게도 내색하지 않았다. 인간관계란 선입견에서가 아니라 늘 새롭게 시작되어야 한다고 생각하기 때문이다. 누군가와 사이가 좋지 않을 때, 그것이 나에게도 해당될 수 있지만 그렇지 않을 수도 있다.

 K는 키가 작고 귀여우며 얼굴이 예뻤다. 특히 이선희 노래를 잘한다고 아이들이 말해 주었다. 다만 공부에는 관심이 없고 노는 것만 좋아했다. 나는 그 애가 밉지 않았다. 오락 시간에 이선희 노래를 불러 보라고 시키면, 표정과 음정을 그대로 흉내 내며 마치 자

신이 이선희인 것처럼 눈을 감고 심취하곤 했다.

하루는 조회 시간이 되었는데도 K가 학교에 나오지 않았다. 집에 전화하니 학교에 갔다고 했다. "조금 있으면 오겠지요." 하고 전화를 끊고 초조한 마음으로 기다렸다. 지금이야 휴대폰으로 문자를 보내거나 해서 연락이 되지만, 그때는 가슴만 태우고 기다릴 수밖에 없었다. 첫 수업이 시작되고, 그 수업이 다 끝나 가는데도 K는 오지 않았다. '드디어 올 것이 왔구나. 내가 좀 더 신경을 썼어야 했는데…. 너무 믿고 방치했나.' 싶어 후회막급이었다. 반 아이의 일이 교장 선생님을 비롯해 여러 교사들의 입에 오르내릴 것을 생각하니 더욱 마음이 무겁고 언짢았다. 교사도 부모와 같은지라, 다른 교사들한테 자기 반 아이들이 나쁜 일로 입에 오르내리거나 야단맞는 것을 보면 마음이 편치 않다.

나는 수시로 교실을 들락거리며 K가 왔는지 확인했다. 2교시가 끝날 무렵, K가 싱글거리며 위풍당당하게 교무실에 있는 나를 찾아왔다. "왜 늦었니?"라고 물으니, K는 내게 큰 은혜라도 베푸는 듯 이렇게 얘기했다. "가출하려고 다른 학교 친구들과 만났는데, 저는 선생님 생각나서 돌아왔어요. 다른 애들은 모두 가출했어요." 이런 경우를 '적반하장도 유분수'라고 하지 않던가? 이건 고맙다고 해야 할지, 야단을 쳐야 할지…. 아무튼 늦게라도 바른길을 택했으니 잘했다고 격려하며, 너를 사랑하는 사람들의 마음을 아프게 하지 말라고 약간의 훈계를 했던 기억이 난다. 진심은 그렇게 통하나 보다. 평상시의 긍정적인 관계가 꼬일 수 있는 문제도 잘 풀리게 하는 힘이 있다는 것을 그때 알게 되었다.

> 나의 하느님, 사랑하는 청소년들이 많은 선택의 기로에서 바른길을 택하고, 온갖 고난을 꿋꿋하게 헤쳐 나갈 수 있도록 용기와 힘을 주세요.

> 다른 사람을 행복하게 함으로써
> 나도 행복하다

7월의 어느 날, 수업하려고 교실에 들어갔는데 교탁 위에 화려하게 포장된 선물과 꽃들이 가득 놓여 있었다. 특별한 날도 아니었고 그럴 만한 이유도 없어 나는 "이게 뭐냐?"고 물었다. 아이들은 새끼 제비들처럼 일제히 앙증맞게 입을 벌려 "오늘이 선생님 생신이 잖아요!"라고 합창했다. 어이가 없었다. 생일은 아직도 며칠 남았고, 아이들한테 날짜를 알려 준 적도 없었다. "너희들이 어떻게 알아?" 하고 물으니 "다 아는 수가 있어요!" 하며 개선장군처럼 의기양양하게 대답한다. 내가 정색하며 아니라고 하자, 아이들은 더욱 크게 합창하듯 "맞아요!" 한다. 모두 환한 웃음을 지으며 신나는 표정이었고, 백여 개의 초롱초롱한 눈빛은 나를 주목하고 있었다.

나는 난감한 표정으로 잠시 생각하다가 하는 수 없이 교탁 위에 수북이 쌓인 선물들을 하나씩 열어 보았다. 마냥 즐거운 아이들은 난처해하는 내 표정에도 전혀 아랑곳하지 않았다. 하나하나 선물 포장지가 벗겨질 때마다 환호성을 올렸다. 자기들이 좋아하는 곰 인형, 예쁜 편지지, 꽃핀, 손수건 등이었다. 결국 나는 체념하듯

"그래, 오늘 내 생일이다."라고 말했고 "고맙다."는 인사도 잊지 않았다.

집에 돌아와서 어찌하면 좋을지 모르겠다고 전화로 난감해하는 내게 어머니는 모두 집으로 초대해서 한턱내자고 하셨다. 그래서 주일에 아이들을 모두 고향 집으로 초대했다. 사정이 있어 못 온 아이들을 빼도 30명이 넘었다. 아이들은 넓은 마당이며 안방, 대청마루까지 가득 채웠다. 그리고 내가 쓰던 방이며 물건들을 둘러보며 마냥 신기해했다. 교단에서만 보던 사람이 자기들과 똑같은 모습으로 산다는 사실이 믿기지 않는 모양이다. 여름이라 수박이며 참외 등 과일이 풍성했고, 어머니는 어린 손님들에게 시원한 콩국수를 점심으로 대접하셨다.

한바탕 식사가 끝난 다음, 아이들이 모두 넓은 마당 한가운데로 모였다. 그리곤 음악을 틀어 놓고 마당 가득 해맑은 웃음소리를 허공에 날리며 나풀나풀 춤을 추기 시작했다. 어머니를 비롯한 가족들과 함께 음악 소리에 맞춰 나비처럼 경쾌하게 춤추는 꼬마 천사들의 모습을 보면서, 교사로서 참으로 뿌듯한 보람과 감동을 느꼈다.

'평화의 기도'의 내용을 조금 바꾸어 보겠다. 남을 감동시키고, 남에게 행복을 줄 줄 알았던 그 아이들은, '다른 사람에게 감동을 줌으로써 감동받고, 다른 사람을 행복하게 함으로써 나도 행복하다.'는 진리를 체험하는 소중한 추억을 간직하게 되었을 것이다.

사랑하는 하느님, 기계적이고 형식적인 관계가 아닌 서로에게 감동을 주는 사이가 되었으면 좋겠습니다. 저부터 그럴 수 있는 은총을 베풀어 주십시오.

그분이 홀로서 가듯

가지 않는 길

로버트 프로스트Robert Lee Frost 글 | 피천득 옮김

노란 숲 속에 두 갈래 길이 있었습니다.
두 길을 다 가지 못하는 것을
안타깝게 생각하면서
오랫동안 서서 한 길이 굽어 꺾여 내려갈 때까지
바라다볼 수 있는 데까지 멀리 바라다보았습니다.

그리고 똑같이 아름다운 다른 길을 택했습니다.
그 길에는 풀이 있고 사람이 걸은 자취가 적어
아마 더 걸어야 될 길이라고 나는 생각했던 겁니다.
그 길은 걸음으로 그 길도 거의 같아질 것이지만
그날 아침 두 길에는
낙엽을 밟은 자취는 없었습니다.
아, 나는 다음 날을 위하여

한 길을 남겨 두었습니다.

길은 길에 연하여 끝없었으므로
내가 다시 돌아올 것을 의심하면….

먼먼 훗날에 나는 어디선가
한숨을 쉬며 이야기할 것입니다
숲 속에 두 갈래 길이 있었다고.

나는 사람이 적게 간 길을 택하였다고
그리고 그것 때문에 모든 것이 달라졌다고….

  나는 길을 좋아한다. 모든 길에 향수를 가지고 있다. 신록이 우거진 산모퉁이를 휘돌아 가는 오솔길을 보면 '저 너머엔 어떤 사연들이 펼쳐지고 있을까?' 하는 궁금증에 괜스레 가 본 적도 없는 그곳을 그리며 한동안 맥없이 바라보곤 했다. 그래서 인생에서도 이 길 저 길을 걸으며 기웃거리는지 모른다. 20대 초반에 교사 생활을 시작해 정신없이 지내다 보니, 주위에선 맞선을 주선하며 결혼하라는 독촉이 이어지고 있었다. 아이들과 함께하는 생활에 세월 가는 줄 모르고 몰두해 있는 동안 내 나이는 20대 후반의 막바지로 치닫고 있었다. 지금이야 30대에도 결혼하지 않은 사람들이 많은데, 그때는 적어도 서른 살 이전에 결혼해야 한다는 분위기였다. 뭔가 인생의 진로를 놓고 결정해야 할 시기가 된 것이다.

부모님의 권유로 맞선을 보기도 했다. 맞선을 보러 갈 때마다 어머니는 딸을 이리 보고 저리 보면서 옷이 어떻다, 화장이 어떻다, 머리가 어떻다 하시며 안 하던 잔소리를 늘어놓으셨다. 그때마다 알 수 없는 짜증이 밀려왔다. 평생을 함께하고 싶은 사람이 아직 없는데, 이런 식으로 상품 포장하듯 적당히 자신을 숨기고 서로를 탐색하면서 '결혼이라는 걸 꼭 해야 하나?' 하는 의구심이 들었다. 모두가 가는 길이라 해도 그런 결혼이라면 하고 싶지 않았.

예전에 영어 교사를 했다는 본당 수녀님은 중등부 교리 교사를 맡고 있는 내게 성소자 모임에 나가 보라고 권했다. 하느님의 부르심에는 결혼 성소와 수도 성소가 있다고 한다. 수도 성소! 새로운 미지의 길이 내게 열리고 있었던 것이다. 교직 생활을 천직으로 여길 만큼 큰 보람과 행복을 온 마음으로 느끼며, 이런 행운의 여정으로 이끌어 주신 하느님께 늘 감사드리는 나날이 이어지는 가운데, 언젠가 나도 하느님께 아주 특별한 방법으로 보답해야겠다고 생각하던 중이었다.

어릴 때부터 나는 하느님을 친숙하게 알고 있었다. 특별히 내게 그분을 알려 준 사람은 없었지만 신비롭게도 나는 일찍부터 하느님을 내 벗이요 든든한 후원자로, 나의 피난처로 삼고 기도를 통하여 그분과 깊은 친교를 나누어 왔다. 오랫동안 함께해 주시고 지켜 주시고 보살펴 주신 그분은 결코 나에게 낯설지 않다. 손만 뻗어도 닿을 것만 같은 그분은 내 마음의 보루요 희망이며 내 삶의 전부이기도 했다. 그분이 나를 세상에 보내셨고, 그분 뜻대로 내 삶이 지속될 것이기 때문이다.

그러나 수도자의 삶을 생각하면 생소하기만 했다. 세상과 동떨어져서 인간이 가진 모든 기본적인 욕망을 절제하는 그 삶은 특별한 사람에게나 가능한 일이라고 느껴졌기 때문이다. 그럼에도 불구하고 내가 수도자로 부르심을 받는다면, 다정한 친구이자 든든한 버팀목으로 함께해 주셨던 하느님께 전폭적인 응답을 드리고 더 가까이 함께할 수 있을 거라고 생각했다. 그리고 당시만 해도 각 수도회가 서로 다르며 고유한 사도직이 있다는 사실을 모른 채, 나는 막연히 가톨릭계 학교에서 아이들을 다시 만날 수 있을 거라는 기대감으로 길을 떠났다. 교사라는 안정된 직장을 버리고 겁도 없이 미지의 땅으로 하느님을 찾아 나서게 된 것이다. 세상에 하나밖에 없는 보물을 발견한 사람이 가진 것을 모두 팔아 그 보물을 사는 것처럼. 나는 멀리서 바라보며 따랐던 주님을 아주 가까이서 신랑으로 맞이하기 위해 과감한 결단을 내렸다. 망설임 없이 세상과 이별하고 새로운 길로 들어섰다.

그분이 홀로서 가듯

구상

홀로서 가야만 한다.
저 2천 년 전 로마의 지배 아래
'사두가이'와 '바리사이'들의 수모를 받으며
그분이 홀로서 가듯
나 또한 홀로서 가야만 한다.

악의 무성한 꽃밭 속에서
진리가 귀찮고 슬프더라도
번번이 패배의 쓴 잔을 마시더라도
제자들의 배반과 도피 속에서
백성들의 비웃음과 돌팔매를 맞으며
그분이 십자가의 길을 홀로서 가듯
나 또한 홀로서 가야만 한다.

정의는 마침내 이기고 영원할 것이요,
달게 받는 고통은 값진 것이요,

우리의 바람과 사랑이 헛되지 않음을 믿고서

아무런 영웅적 기색도 없이
아니, 볼꼴 없고 병신스런 모습을 하고
그분이 부활의 길을 홀로서 가듯
나 또한 홀로서 가야만 한다.

제가 기쁠 때 함께 기뻐해 주셨고 아플 때 함께 아파해 주셨던 나의 하느님, 앞으로도 길이 영광과 찬미 받으소서.

삶의 여정에서 만남과 떠남은
일상적인 일이다

　삶의 여정에서 떠남과 만남은 일상적인 일이다. 결혼해서 떠나기도 하고, 희망찬 미래를 위해 유학을 떠나기도 하고, 여행을 떠나기도 하고, 병고 때문에 떠나기도 하고, 새로운 직장 때문에 떠나기도 하는 등 많은 이유로 친숙했던 길에서 벗어나 낯선 길로 들어서게 된다. 많은 날들을 함께했던 정들었던 사람들과 익숙했던 삶의 방식을 뒤로하고 길을 나서는 일은 아플 수밖에 없다. 그토록 소중했던 가족과 지인들의 사랑을 남겨 둔 채, 잘 알지도 못하는 낯선 길로 접어들어야 하는 그 시기가 나에게도 다가왔다.

　정들었던 가족과 동료 교사들, 제자들과의 헤어짐은 가슴 한 부분을 도려내듯 아프게 다가왔다. 떠나는 나에겐 새로운 만남에 대한 막연한 기대나 앞날의 설렘이 조금이나마 있지만, 나와 이별하는 이들은 그 어떤 것으로도 채울 수 없는 상실감을 느꼈을 것이다. 그것도 흔하게 벌어지는 세상 일 때문이 아닌, 보이지 않는 하느님을 만나기 위해 세상과 가족, 친지, 벗들을 버려야 하는 수도자의 길로 들어서고 있었으니까. 지극히 자상하시고 사랑이 많으셨던 아버지는 나를 수도원에 보낼 생각에 마음의 고통이 너무 커서, 속이 타다 못해 장까지 꼬여 고생이 많으셨다고 한다. 어머니와 형제들은 내 길에 방해가 될까 봐 나를 만나도 아버지 소식을 전하지 않았다. 아흔을 바라보는 할머니는 손녀가 예쁘긴 해도 그 손녀 때문에 당신 아들이 받는 고통에 마음 아파하시며, 내가 모르는 모든 집안일들을 알려 주시고 지금이라도 늦지 않았으니 마음을 돌려 수도회 입회를 포기하라고 채근하셨다. 수도회가 어떤 곳인지 전혀 알지 못했던 형제들의 고통도 말할 수 없이 컸다. 사랑하는 동생과 언니들은 나를 다시 볼 수 없다는 생각에 울고불고 한바탕 난리가 났다.

대학 시절, 나를 처음 성당으로 이끌었던 선자(루치아) 언니만 입회 전에 나를 서울로 초대해서 남편과 예쁜 두 딸을 데리고 나와 맛있는 저녁을 사 주었다. 그리고 금일봉을 손에 쥐어 주며 잘 살라고 격려해 주었다. 남편의 직장 때문에 외국에 나가 있던 친구 효숙(스텔라) 씨도 장문의 편지를 보내 나를 격려하였다.

수도원 입회는 5월이었지만 학생들이 곤란을 겪지 않고 그들에게 피해가 가지 않도록 2월 말에 사표를 제출하려고 했다. 그런데 학교에서는 가기 전까지 학생들을 가르치라며 나를 3학년 담임에 배정하였다. 2학년 때 가르친 학생들도 있어서 아이들은 매우 좋아했다. 중간에 떠나는 것이 피해가 되면 어쩌나 염려했지만 사전에 알려 마음의 준비를 시키고, 기왕 이렇게 된 거 가는 날까지 최선을 다하자고 다짐했다.

　학기 중에는 교사들이 전체적으로 이동하는 시기가 아니어서, 이임 인사는 운동장 조례 시간에 천여 명이 넘는 학생들 앞에서 혼자 하게 되었다. 나는 학생들에게 "사랑하는 너희들을 더 오래 만나기 위해" 떠난다고 말했다. 작별 인사를 뒤로하고 운동장을 걸어 나오는데 "선생님~ 선생님~!" 하고 부르는 소리가 들려 뒤돌아보니, 3학년 학생들이 저마다 자기 반 교실 창문에 다닥다닥 들러붙어 울면서 손을 흔들고 있었다. 나도 손을 흔들어 답례하고 빠른 걸음으로 운동장을 빠져나왔다.

　정들었던 동료 교사들에게도, 사랑하는 제자들에게도 여러모로 죄송하고 미안한 마음이 가득했다. 나는 여교사들에게는 각자에게 맞는 책을, 모든 교사들에게는 교무실에서 함께 나눌 수 있는 커피와 녹차 등을 선물했다. 아이들에게는 명시를 코팅하여 나누어 주었다. 아이들은 '나는 너에게, 너는 나에게 잊히지 않는 하나의 의미가 되고 싶다'라는 제목으로, 하고 싶은 말을 모두 하나씩 적어 나의 손에 꼭 쥐어 주었다. 제자들이 정성스레 적은 진심 어린 글들이 어제 일처럼 생생하게 다가온다.

선생님께서 떠나신다는 말을 듣는 순간, 이 세상 모든 것이 없어지는 듯한 허탈한 마음이 제 몸을 덮어 왔습니다. 선생님을 떠나보내고 싶지 않지만, 그 길을 택하기로 결심하셨기에 기쁘게 보내 드립니다.

- 성숙 올림

3학년 올라와서 선생님이 영어를 가르치신다고 하여 처음에 얼마나 기뻐했는지 몰라요. '올 한 해에는 영어 시간이 무척 즐겁겠구나.' 하고 생각했을 정도니까요. 선생님의 제자로서 손색이 없을 만큼 열심히 노력하겠어요.

- 윤희 올림

선생님께서는 저희들을 잊을지도 모르지만 저희들은 선생님을 잊지 못할 겁니다.

- 영순 올림

처음 만났을 때부터 저는 선생님을 좋아했습니다. 떠나시는 선생님의 발목을 붙잡고 그 길을 막고 싶지만, 그러지 못하는 제 마음은 험한 바다 위에 떠 있는 외로운 배 한 척같이 무력하기만 합니다. 가시더라도 저희들을 잊지 말아 주세요. 여기, 못생긴 제 사진을 붙이려고 합니다. 가시거든 학교에 편지해 주세요. 저는 선생님을 아무에게도 빼앗기기 싫어요. 사진 꼭 간직하세요.

-향숙

운명의 장난인가요. 전 정말 믿어지지가 않아요. 선생님. 왜 가셔야만 합니까. 전 선생님과 헤어진다는 것은 꿈도 꾸지 않았어요. 이런 말씀드려서 죄송해요. 선생님께서 떠나시더라도 공부 열심히 할게요. 지금 저는 울고 있어요. 선생님이 원망스러워요. 마음이 너무 아프지만 기쁘게 만날 미래의 그날을 기다리겠습니다.

-은자

어린 제자들은 내가 다른 학교로 가는 것이 아니라, 아예 교직을 그만두고 자신들로서는 도무지 이해할 수 없는 수도회로 들어가서 쉽게 만날 수 없다는 생각에 아픔이 더 컸을 것이다. 그들에게 이별이라는 슬픔을 안겨 주고 떠나온 길이니만큼, 실망시키지 않도록 수도회에서 잘 살아야겠다는 다짐을 수없이 했다.

하느님. 본의 아니게 많은 사람들의 마음을 아프게 했습니다.
하느님의 사랑 안에서 모두 편안하길 빕니다.

:: 두 걸음

임 찾아 나선 길

이젠 모두 추억이 되었어요

주님의 길을 따라가기 위한 삶의 여정에 홀로 서 있다. 친숙했던 환경과 사람들을 뒤로하고 새로운 땅에서 둥지를 트느라 몸살을 앓았다. 나무도 식물도 자리를 옮기면 몸살을 하니, 낯선 환경에서 겪는 당연한 절차일 것이다.

'든 자리는 몰라도 난 자리는 안다.' 했던가. 사람이 떠나간 자리에서 남아 있는 이들도 일상으로 돌아가기가 쉽지 않았나 보다. 떠남을 아쉬워하는 편지는 오랫동안 끊이지 않고 새로운 둥지로 날아들었다. 그 편지는 서로에게 갑작스런 이별의 심리적 충격을 완화시켜 주는 역할을 했다. 떠나온 제자들과 동료 교사들, 든든한 친구들, 그리고 동생이 걱정스러운 오빠에게서 온 편지들이다.

뵙고 싶은 선생님께

선생님과 헤어진 지도 벌써 1년이 됐습니다. 언제나 웃는 얼굴을 하고 계시던 선생님이기에 정말 많이 보고 싶어요. 중학교 2학년 때의 영어 시간은 참 즐거웠어요. 하나라도 더 가르쳐 주시려고 열심히 수업하시던 선생님의 모습이 자꾸 눈에 어립니다. 선생님! 선생님께서 떠나시던 날, 기억하시죠? 저희들은 정말 많이 울었어요. 1년 동안 무척이나 정들었는데…. 운동장을 걸어 나가시면서 저희에게 손을 흔드시던 선생님의 모습이 눈에 선해요.

- 제자 란 올림

선생님께

이렇게 편지를 쓰니, 선생님께서 저희에게 몸과 마음을 다해 가르쳐 주시던 2학년 때가 생각나요. 종례 시간이면 선생님을 기다리면서 노래 부르고, 항상 떠든다고 하시면서 꾸중하시던 일, 수학여행 갔을 때 선생님께서 알려 주시던 게임, 고아원에 가던 일…. 이젠 모두 추억이 되었어요.

참, 선생님! 시골 중학교에 계실 때 1학년 담임 선생님이셨다고 같은 반 경숙이가 선생님 자랑을 해요. 경숙이와 앉으면 선생님 얘기를 많이 하고 있어요. 사실 선생님이 시내 학교로 오실 때 경숙이가 땅바닥에 앉아 울었다고 해서 무척 우스웠거든요. 그런데 막상 선생님이 우리를 떠나신다고 하니, 경숙이와 같은 심정이었어요. 선생님을 꼭 붙잡고만 싶었답니다.

- 제자 경순 올림

얼마 전 은자한테서 전화가 왔지요.

최 수녀님 보고 싶다고요. 수녀 되고 싶다고요. 우리와 잠시 계셨지만 그 영향이 매우 크다는 것이 이렇게 나타나네요. 그런 의미에서 스승의 날은 뜻깊습니다. 옛 교단, 제자, 그리고 시행착오들을 기억하며 오늘 이 시점에 선 자신을 되돌아봅니다. 동료 교원 속에 잊을 수 없는 하나가 당신이지요. 신앙, 뜨거운 사랑에 불타던 당신의 모습은 지금도 생생합니다.
무엇보다 건강하시길 빕니다.
늘 평안하시길 기도합니다.

- 최신옥 씁니다.

보고 싶은 희에게 쓴다.
벌써 몇 번째인가 네게 편지를 썼다가 부치지 못하고 올 여름을 다 보냈단다.
나는 이제 두 아이의 엄마라는 무거운 틀 속에서 눈코 뜰 사이 없이 바쁜 생활이란다. 하지만 그 와중에도 이 가을을 보내기가 몹시도 어렵구나. 그 이유는 내가 인간이고 나약하기 때문이 아닌가 생각한다. 여자가 아기를 낳는 일처럼 성스럽고 위대한 일이 또 있을까 하고 생각하면서 혁이 동생 우현이를 낳았단다. 그러나 그 어떤 풍요도 내 마음을 흡족하게 만들지 못하는구나. 그래서 이 가을을 외롭게 보내고 있단다.

네 일이 몹시 궁금하다. 행복한지도 알고 싶고, 혹시 견디기 어려워하는 것은 아닌지…. 어느 더운 여름날 너한테 시외 전화를 했더니 통화할 수 없다고 하더구나. 네 목소리만이라도 듣고 싶었는데 말이다.

희야! 네가 선택한 길에 내가 무슨 말을 할 수 있겠니. 나는 항상 너를 사랑한단다. 다만, 아주 가끔은 네가 몹시 보고 싶고, 또 아주 가끔은 네가 나와 다른 인간이 된 듯한 느낌도 받는단다.

늘 그래 왔듯이 나는 너에게 의미 있는 존재이고 싶다. 오늘도 든든한 배경을 가진 네가 부럽다. 전지전능하신 너의 하느님께 내 마음의 평화도 같이 빌어 주렴.

– 인순

현희야.

하느님 은총 많이 받고, 더욱 건강히 알차게 생활하길 빈다.

필요한 것 있으면 알려 주려무나.

동우, 동은이가 가끔 너를 찾아 더욱 네 생각이 나는구나.

이곳은 다 무고하단다.

아무쪼록 건강 잃지 말고 즐겁게 생활하길 빈다.

– 오빠가

혹 자신을 사랑해 주는 사람이 아무도 없다고 생각하는가? 그렇지 않다. 지극히 사랑이 많으신 하느님께서는 당신 사랑을 대신하도록 어머니라는 존재를 이 세상에 보내셨다고 한다. 자신의 심장을 빼앗아 도망가다가 넘어지는 자식에게 조심해서 잘 가라고 당부하는 어머니의 사랑에는 말로 형언할 수 없는 감동이 있다. 어머니 생각만 해도 눈시울이 뜨거워지고, 목이 뻐근하고, 가슴이 벅차다. 그러나 세상에는 어머니의 사랑만 있는 것이 아니다. 형제자매들, 특별한 관계를 맺고 있는 친구들과 직장 동료들, 이웃들과 지인들, 스승과 제자들 등 하루하루 만나는 모든 이들의 사랑을 통해 하느님께서는 당신의 사랑을 드러내신다. 이런 사랑이 있기에 우리는 삶의 고달픔 가운데서도 하느님을 향한 행진을 계속해 가는 것이다.

사랑하는 하느님, 우리는 이렇듯 친숙했던 사람들과 만남과 헤어짐을 반복하면서 나름의 길을 가고 있습니다. 당신만이 늘 저와 함께하시지요. 그런 당신이 계시기에 삶의 여정에서 때론 지치고 힘들지만, 희망을 가지고 계속할 수 있습니다. 감사드려요.

새로운 길 위에 나는 서 있다

"너희는 무엇을 먹을까, 무엇을 마실까 하고 찾지 마라. 염려하지 마라. 이런 것들은 모두 이 세상 다른 민족들이 애써 찾는 것이다. 너희의 아버지께서는 이것들이 너희에게 필요함을 아신다."(루가 12,29-30)라는 예수님의 말씀과, "아무것도 걱정하지 마십시오. 어떠한 경우에든 감사하는 마음으로 기도하고 간구하며 여러분의 소원을 하느님께 아뢰십시오."(필리 4,6) 하고 필리피 인들에게 전한 바오로 사도의 말씀을 마음에 간직한 채, 나는 가 보지 않은 새로운 길 위에 서 있다. 새 삶을 온 마음으로 받아들이기를 간절히 소망하면서 말이다.

수도 공동체는 하느님의 부르심에 응답하고자 하는 공동의 목표를 가지고 사랑과 도움으로 다른 이들과 함께하는 공동체 성소를 받은 사람들의 모임이라고 할 수 있다. 수도회는 상호 봉사에 대한 정신이 투철해야 한다. 서로를 위해 요리와 빨래, 설거지, 청소를 한다. 공동체와 함께 자신의 재능을 나누고, 다른 사람들의 재능도 자기 것처럼 가치를 인정해 주고 기뻐한다. 따라서 공동선을 위한 상호간의 협조는 매우 절실한 사안이다. 이런 상호 봉사를 뛰어넘어 하느님 백성의 영신을 위해서도 그 외연을 넓히며 헌신해야 한다.

수도 생활은 모든 것이 질서 정연하게 이루어진다. 함께 공동생활을 해야 하기에 일정한 규범과 틀 안에서 움직여야 하는 것은 매우 기본적이고 당연한 부분이라 여겨진다. 모든 일들은 큰 틀 안에서 대부분 시계처럼 정확하게 돌아간다.

아침	5시 30분	기상
	5시 45분	성무일도
	6시	묵상
	7시	미사
	7시 30분	아침 식사
낮	12시	낮기도
	12시 15분	점심 식사
오후	5시 30분	저녁기도
	6시	저녁 식사
	9시 45분	끝기도
	10시	취침

아침 식사 당번인 경우에는 평소보다 한 시간 먼저 일어나 식당에서 공동체 식사를 준비하고 성무일도 시간에 맞추어 들어와야 한다. 성무일도는 높은 음으로 노래 부르듯 계응송으로 진행된다. 미사가 끝난 후에는 수도원 앞뜰에서 국민 체조를 한 후 식당에서 아침 식사를 한다. 식사 후에는 각자의 방으로 돌아가 침대와 방을 정리한다.

아침 식사 후에 서원한 수녀들은 교구청이나 복지 시설 등 각자의 외부 소임지로 떠난다. 청원자 (입회 1년차)들과 수련자 (입회 2~3년차)들은 설거지, 재봉, 청소 등 수녀원 내에서 맡은 소임을 다한다. 청소가 끝나면 청원자들과 수련자들은 요일별로 조그만 교실에 모여 청원장과 수련장으로부터 성경이나 수도회 회헌, 기도 등에 대한 강의를 듣거나, 외부 강사로부터 서예, 피아노, 꽃꽂이 등을 배운다. 강의 후에 점심 식사 당번은 식당에서 일하는 자매를 도와 점심을 준비하고, 나머지 청원자들은 교실에 남아 공동 빨래를 정리하거나 성당에서 낮기도 전 영적 독서를 하기도 한다.

점심 식사가 끝나면 설거지 당번을 제외하고는 각자 가볍게 산책하며 묵주기도를 드린다. 누군가와 함께 대화를 나눌 수도 있고, 강아지와 고양이에게 장난을 치며 한가하게 보낼 수도 있는 짧은 시간이다. 오후 2시부터는 보통 공동체 일이 주어진다. 김치를 담그거나 대청소를 하고, 잔디의 풀을 뽑기도 한다. 장상 수녀님의 축일이 다가오면 노래나 춤을 함께 연습하기도 한다.

식사는 뷔페식으로, 각자 먹을 만큼만 가져가 빈자리에 앉아서 먹으면 된다. 저녁 식사 후에는 맑고 상쾌한 저녁 공기를 마시며 산책과 묵주기도, 십자가의 길을 함께하기도 한다. 예수 부활 대축일이나 예수 성탄 대축일 전에는 공동체와 함께 미사곡을 연습한다. 끝기도 후에는 침묵을 지켜야 한다.

모든 일들이 적절히 이루어지기 위해서는 다양한 사람들을 잘 통합시킬 질서 정연함이 필요했을 것이다. 로마에 오면 로마법을 따라야 하듯, 새로운 길에서 새로운 생활 양식을 습득해야 했다.

> 언제나 길을 떠나면 새로운 관습과 사람들을 만나게 됩니다.
> 그 새로움이 또 다른 도약의 발판이 되도록 안배해 주심에
> 감사드립니다.

*공동체 생활에는 정해진 질서와
규정이 있기 마련이다*

수도회마다 다소 차이가 있으나, 입회하면 보통 수련 전 시기로 청원기(지원기) 1년, 수련기 2년, 유기서원 5년을 보내고 종신서원을 하게 된다. 입회한 첫해가 되는 청원기와 그 후 2년간의 수련기는 하느님과 공동체, 그리고 자신이 모두 함께 수도 성소를 재확인하는 과정이라고 할 수 있다.

청원기에는 그리스도인의 삶을 심화시키기 위해 진리에 대한 기본적인 지식과 수도 생활 입문에 필요한 인격 교육에 주력한다. 청원자는 언제든지 수도회를 자유롭게 떠날 수 있으며, 장상들도 참사회의 동의를 얻어 양성책임자와 상의한 후에 청원자를 퇴회시킬 수 있다. 이 시기에는 머리에 베일도 쓰지 않고 수도복도 입지 않는다. 머리는 뒤로 단정하게 묶고, 수도회마다 다르겠지만 검은색이나 회색 치마에 흰 블라우스로 간소한 차림을 한다.

청원기가 끝나면 수련기가 시작된다. 장상들은 청원장과 함께 청원자가 수련받을 준비가 되어 있는지 심사숙고한다. 그리하여 수련받을 준비가 된 것으로 결정되면, 청원자는 장상들에게 수련자로 받아 줄 것을 청하는 서면요청서를 제출하고 5일간 피정을 한다. 예식은 공동체가 참석한 가운데 말씀 전례 중에 흰색 베일과 수도복을 받으며 소 착복식을 한다. 수련자도 언제든지 수도회를 자유롭게 떠날 수 있다. 또한 중대한 사유가 있으면 장상들이 수련자를 퇴회시키기도 한다. 수련 기간은 2년이며 청빈, 정결, 순명의 복음삼덕을 연마하는 과정이다.

복음삼덕 가운데 청빈은, 하느님께서 모든 필요한 것을 채워 주신다는 확고한 믿음 아래 재물을 독자적으로 사용하거나 소유하지 않겠다고 서원하는 것이다. 정결은 독신 생활을 통하여 전적으로 주님께만 유보된 사랑을 바탕으로 하느님 백성에게 봉사할 것을 서원하는 것이다. 마지막으로 순명은 아버지의 뜻을 이루기 위해 예수님께서 파견되신 것처럼, 공동체의 공동선을 위해 장상이 내린 판단과 결정에 자유롭게 복종하겠다고 서원하는 것을 말한다.

사회생활에 젖어 있던 보통 사람들에게 수도 생활은 녹록하지 않다. 나에게도 이 점은 예외가 아니었다. 수도회에 들어가기 전에 어느 정도 마음의 준비를 했건만, 사회에서 누렸던 생활 양식과 다른 점이 많았다. 어쩌면 당연한 일인지도 모르겠다. 처음에 가지고 있던 돈은 모두 천사(반장)가 거두어 갔다. 돈 한 푼 없이도 살 수 있다는 사실이 신기하여 '이것이 수도 생활이구나.' 하고 실감하는 순간이었다. 그룹끼리 밖에 나갈 일이 있으면 천사 한 명만 청원장에게 돈을 받았고, 다른 사람들은 그저 천사를 따라가기만 하면 되었다. 그리고 칫솔이나 치약 등 일용품이 필요할 경우 청원장에게 가서 청하면 된다. 필요할 때마다 청하여 받을 수 있으니 따로 물건을 쌓아 둘 필요가 없다. 또한 받은 것은 당연하게 여기지 않고 감사의 뜻에서 "기도 주세요."라고 청한다. 그러면 "주님의 기도 한 번 하세요." 혹은 "성모송 세 번 하세요." 하는 식으로 기도를 받는다. 가난한 사람이나 아픈 사람 등 기도가 필요한 이들을 위해 주님의 기도나 성모송을 올리고 받은 물품을 감사하게 사용한다. 또한 설거지하다가 그릇을 깨면, 깨진 그릇을 들고 청원장에게 가서 보속을 청한다. 이때도 "보속 주세요."라고 말하고 기도로 보속을 하면서 겸손의 미덕을 쌓는다. 이 모든 예절은 수도회의 오랜 전통과 풍습에서 나왔을 것이다. 각 수도회는 나름대로 독특한 문화와 역사를 가지고 있다.

  선물을 받았을 때도 본인 마음대로 사용하지 않는다. 선물을 받았다는 사실을 알리고 수도회 장상에게 보여 주면, 장상은 필요한 물품인지 묻는다. 필요하지 않다고 하면 공동체에 내놓고 필요한 사람이 쓰도록 한다. 그러나 필요할 경우, 기도를 청하고 본인이 사용할 수 있다. 이 모든 것이 청빈의 삶을 실천하는 하나의 과정이라고 하겠다. 공동체의 평화와 안정을 위해서 그런 규율이 자리 잡았을 것이다.

공동체 생활에는 정해진 질서와 규정이 있기 마련이다. 식사 당번, 기도와 전례 진행, 빨래, 제의실 담당 등이 장상에 의해 정해진다. 하느님 아버지에 대한 예수님의 순명처럼, 이런 일은 좋고 싫고를 생각할 여지없이 순명 차원에서 이루어진다. 공동선을 위해 장상이 지시한 일들은 하느님께서 명하신 일로 여겨 기꺼이 순명하는 가운데 이루어진다.

내게 어려웠던 일 가운데 하나는, 대축일 같은 특별한 날에 장상 수녀님들과 여러 공동체 앞에서 아이들처럼 나풀나풀 춤을 춰야 하는 것이었다. 학창 시절 말고는 춤춰 본 기억이 없어, 굳어 있는 몸을 이리저리 돌리려니 참으로 어색했다. "새 포도주는 새 부대에 담아야 한다."(루카 5,38)고 예수님께서 말씀하셨는데, 아직도 헌 가죽 부대를 잊지 못하는 것인가 했다. 공동체의 모든 일엔 개인차가 있기 마련이지만, 춤추는 것은 나에게 영 맞지 않았다. 어쩔 도리가 없었다.

> 정결, 청빈, 순명은 수도자뿐만 아니라 참된 그리스도인이라면 누구나 따라야 할 복음삼덕이라는 생각이 듭니다. 이 복음삼덕을 당신과의 친교 안에서 기꺼이 실천할 수 있는 은총을 베풀어 주십시오, 사랑하는 나의 하느님!

외딸고 높은 산 골짜구니에 살고 싶어라

    공동체 회원들은 입회 시기에 따라 그룹 순위가 정해진다. 나의 동기생들은 17그룹으로 처음엔 여덟 명이었다. 고향과 성장 환경은 물론 연령대도 30대에서 20대 초반까지 다양했다. 군대와 마찬가지로 수도 생활에서도 나이는 숫자에 불과하다. 나이에 상관없이 입회한 순서대로 그룹이 정해지고 어떤 일들이 이루어진다. 그룹 내에서는 천사 천사는 매달 바뀐다가 장상의 지시나 전달 사항을 동기들에게 전한다.

    입회한 지 얼마 되지 않아 여덟 명의 동기 가운데 두 명이 잇따라 퇴회했다. 한 명은 부모님 모르게 들어왔다가, 1년 후에 부모님의 허락을 받고 다시 오겠다며 집으로 돌아갔다. 그는 약속대로 1년 후 아래 그룹으로 다시 들어와 지금도 잘 살고 있다. 나머지 한 명은 적응하지 못하고 빙빙 돌더니 정확한 이유도 없이 퇴회했다. 그래서 우리 그룹은 여섯 명에서 청원기와 수련기를 함께하게 되었다.

    여섯 명의 동기생들은 다양한 재능을 가지고 있었다. 김 마리아는 음악을, 최 가타리나는 간호학을 전공했으며, 최 마리아는 뜨개질 등 가사에 능했고, 이 스텔라는 게임이나 노래에 뛰어났으며, 빈 데레사는 미술에 일가견이 있었다. 나는 주로 외국에서 오는 공문이나 서류들을 번역하였다.

수도회 창립일이나 대축일 전에는 그룹별로 노래나 춤, 연극 같은 장기를 준비하여 축하식을 열기도 했다. 그룹 가운데 노래나 춤에 소질 있는 사람이 주관하여 서로 의논하면서 화려한 무대를 준비한 다음, 공동체 앞에서 실력을 뽐내곤 했다. 춤은 그때마다 달랐지만, 우리가 즐겨 부르던 노래는 바로 '두메꽃'이었다.

두메꽃

최민순 신부

외딸고 높은 산 골짜구니에 살고 싶어라.
한 송이 꽃으로 살고 싶어라.

벌 나비 그림자 비치지 않는 첩첩산중에
값없는 꽃으로 살고 싶어라.

해님만 내 님만 보신다면야
평생 이대로 숨어 숨어서 피고 싶어라.

평화로운 그림이 선명하게 눈앞에 펼쳐지는 참으로 서정적인 노랫말이다. 세상의 모든 꽃들이 아름답다. 더구나 깊은 산속에 수줍게 피어 있는 색색의 이름 모를 작은 꽃들은 얼마나 앙증맞은가? 아무도 알아주지 않아도 깊은 산속 두메꽃처럼 하느님 그분만 보신다면 무슨 상관이 있으랴 다짐했었다. 부모님이나 반가운 손님이 오시면 연습하지 않고도 즉석에서 부를 수 있을 만큼 우리는 이 노래를 애창하였다. 그토록 심하게 반대하셨던 아버지도 면회 오셔서 이 노래를 듣고 좋아하셨다. 오죽하면 돌아가신 아버지 영전에서도 동기들과 함께 이 노래를 불렀을까.

수도 생활의 인간관계는 사회와 많이 다르다. 하느님 아버지를 중심으로 한솥밥을 먹으며 대부분의 물건을 함께 쓰니 가족과 같다. 회원들은 오랜 시간 함께함으로써 서로를 믿고 의지하며 형제처럼 든든한 유대 관계를 이룬다. 그럼에도 불구하고 수도원에서 가장 중요한 친교는 하느님과의 관계이다. 하느님과 친밀하면 할수록 공동체의 다른 자매들과도 친밀해질 수 있다고 가르친다. 공동체에서 누군가 다른 사람과 적절한 관계를 맺지 못하면 하느님과의 관계도 적절하지 않다고 보는 것이다. 서로 다른 환경에서 자란 자매들이 잠자는 시간만 빼고 늘 함께 생활한다는 현실은 그리 녹록치 않다. 그래도 우리는 한솥밥 먹는 식구들이었다.

> 나의 하느님, 한솥밥 먹는 사이가 보통 인연은 아니겠지요? 오늘도 같은 그룹이었던 스텔라 수녀가 전화했습니다. 안부 전화지요. 오래도록 끈끈한 정을 나눌 수 있는 또 다른 가족을 제게 주심에 감사드립니다. 언제나 사랑한다고 전해 주십시오.

내가 잘못했다는 거군요

　교직 과목을 이수하는 과정에서 대학 4학년 때 교생 실습을 나가 듯, 수도회에서도 수련기가 끝날 무렵 사도직 실습을 나간다. 나는 신 신부님이 주임으로 있던 인천의 한 본당으로 실습을 나가게 되었다. 유학파에 신학교에서 강의도 하시는 그분은 조그만 몸짓에 표정이 풍부하고 인자한 분이었다. 강론 때도 온몸으로 갖은 흉내를 내서 신자들에게 인기가 많았다.

　동료 수녀님이 나를 소개하면서 영어 교사를 한 적이 있다고 하자, 그분은 눈가에 잔뜩 주름을 잡고 웃으며 환영해 주었다. 그리곤 예비 중학생들을 모아 줄 터이니, 본당에서 영어를 가르치라고 했다. 때마침 겨울 방학이어서 중학교 입학을 앞둔 6학년 예비 중학생들이 많았다. 본당 차원에서 주임 사제가 영어 교육을 주관하고 무료로 해 준다니 부모들도 호응이 좋았다. 그래서 많은 아이들이 참석한 가운데 화요일부터 금요일까지 매일 2시간씩 가르쳤다. 가르치는 일은 나의 천직인지라 물 만난 고기처럼 즐거운 마음으로 임했다. 본당에서도 아이들 간식을 챙기는 등 물심양면으로 지원해 주었다.

동료 수녀들은 실습자인 나에게 상처가 될까 염려하여 본당 주임 사제와 겪는 사소한 갈등을 보여 주지 않으려 했다. 그래서 본당 회의에 나를 참석시키지 않았다. 그런데 주임 사제는 모든 회의에 나도 참석하라고 했다. 오래 전의 일이라 정확하게 기억나진 않지만, 한 회의에서 어떤 일을 두고 수도자들이 주임 사제와 갈등을 빚고 있었다. 실습생으로서 끼어들 처지도 못 되어 가만히 듣고만 있는데, 주임 사제가 내 의견을 물었다. 팔은 안으로 굽는다고 했던가? 나는 수도자 편을 들며 당돌하게 주임 사제의 잘못을 지적했다. 그러자 그분은 허탈한 표정을 지으며 "내가 잘못했다는 거군요."라고 하더니, 당신 뜻을 주저 없이 접었다. 그곳에서 나는 희망을 보았다. 주임 사제가 주임 수녀도 아닌 실습 수녀의 당돌한 지적에 화도 안 내고 쿨cool하게 인정하다니…. 내심 긴장했던 나는 '휴~.' 하고 속으로 한숨을 내쉬었다. 그러면서 한편으론 앞으로 알게 모르게 힘든 일이 생기지나 않을까 염려했는데, 그분은 전혀 그런 내색을 하지 않고 평소와 다름없이 대하는 따뜻하고 인정 많은 참사제의 모습을 보여 주었다.

실습이 끝나고 수련소로 다시 돌아오는 마지막 날, 그 주임 사제는 미사의 영성체 중에 당신이 떼어 낸 커다란 성체를 내 손에 올려놓았다. 가끔 평화방송에서 그분이 온몸으로 익살스럽게 강의하는 모습을 보면서, 그 시절이 생각나 혼자서 살며시 미소 짓곤 한다. 여전한 모습이다. 늘 건강하시길 빈다.

오랫동안 연락을 드리지 못해도 마음속에 감사한 만남으로 자리하는 분들이 있습니다. 사랑하는 하느님, 당신 때문에 이루어진 인연들입니다. 늘 당신 안에서 행복하고 건강하게 지켜 주시길 기도드립니다.

*사람과 사람 사이에 중요한 것은
일이 아니다*

첫 서원에 드리는 시

순결한 5월
임께 한마음 드리는 환희

작은 꽃잎
위에 맴도는 바람 같은

사랑을 보는
사랑을 듣는
사랑을 노래하는
영혼이어라.

녹색 빛 부신 아침
기쁨과 희망과 평화의 산이어라.

> 오솔길 흙먼지에도
> 무심히 서는 수목
> 구름 보듯
> 임의 얼굴 바라보는
> 맑은 눈이어라.

김 신부님(수도회 소속)이 첫 서원 때 보내 준 시다. 동료 교사였던 그분은 국어를 담당했는데, 당시만 해도 신자가 아니었다. 그런데 성당에 다니고 있던 내게 와서 자신도 세례를 받고 싶다고 했다. 그래서 친구이자 동료 교사인 박 선생과 나의 어머니와 함께 본당의 주 수녀님을 통해 교리를 받고 조 신부님으로부터 같은 날 세례를 받았다.

첫 서원은 수련기를 마치고 자신을 하느님의 사도직에 바치기를 요청하는 서면요청서를 장상들에게 제출하면서 이루어진다. 서원하기 전에 적어도 5일간 피정을 하고, 공동체가 성체성사를 거행하는 중에 관구장이 받아들인다. 검은색 베일을 받고 정결, 청빈, 순명의 복음삼덕을 첫 서원한다. 수도원 안에서만 생활하면서 청빈, 정결, 순명의 복음삼덕을 서원하는 삶을 체험하는 시기가 수련기라면, 유기 서원 5년 동안에는 1년이나 2년마다 서원을 갱신하면서 지역 공동체 사도직에 참여하게 된다.

나의 첫 사도직은 어느 섬에 있는 작은 본당에서 시작되었다. 아름다운 경치를 자랑하는 그곳엔 공소가 많았다. 주임 신부님이 공적인 업무로 오랫동안 본당을 비워 보좌 신부님이 모든 책임을 맡고 있었다. 잠깐이긴 했지만, 주임 사제는 좀 까다로웠던 분으로 기억된다. 그분은 작은 일에도 화를 자주 내며 독단적인 모습을 보였다. 그래서 주임 사제가 나타나면 수녀들을 비롯한 모든 직원들이 초긴장 상태가 되었다. 무슨 언짢은 일이 있는지 모르겠지만, 예수님의 사랑을 보여 주는 제자로서는 좀 아쉬운 모습이었다.

주임 사제가 다른 곳으로 떠나면서 보좌 신부가 본당 책임을 전적으로 맡았다. 보좌 신부는 키가 크고 순한 미소를 짓는, 참으로 소탈한 분이었다. 본당에 무슨 일이 생기면 수도자 입장에서 대변해 주고 믿어 주며 조화를 잘 이루어 나갔다. 청소년들과도 친구처럼 잘 어울렸다. 작은 본당에서 50여 명의 청소년들이 춤과 노래, 연극 등을 활기차게 준비하며 성탄을 맞이했던 기억이 새롭다.

그해 겨울, 성탄이 끝나고 본당 직원들과 함께 지리산 여행을 갔다. 강추위 속에서 목도리와 장갑으로 중무장한 채, 우리는 백설 가득 꽃피운 나뭇가지 사이를 헤치며 노고단을 향해 올라갔다. 돌에 새겨진 '노고단老姑壇'이라는 푯대를 배경으로 하여 키 큰 사제와 직원들과 함께 찍은 사진을 지금도 꺼내 보며 정겨운 추억으로 간직하고 있다. 차가운 겨울밤에 앙상한 나뭇가지 사이로 수정처럼 빛나던 그때의 수많은, 영롱한 별빛들을 지금도 잊을 수가 없다.

어느 공동체든 책임자의 인격에 따라 그 공동체의 분위기가 달라진다. 가정에서 부모가 평화로워야 자녀들이 행복하듯, 본당도 마찬가지인 것 같다.

> 사람과 사람 사이에 중요한 것은 일이 아니었습니다. 일을 통해 만나는 사람과 사람 사이의 사랑, 존중, 따스함이었습니다. 저도 모든 이에게 다정한 사람으로 기억되도록 한참 노력해야겠습니다.

순간순간의 만남이 소중하다

본당에서 지낸 지 1년도 되지 않아 교구청 법원으로 소임이 이동되었다. 법원에서 공증관으로 근무하던 박 수녀님이 미국으로 유학을 떠나게 된 것이다. 법원에서는 법원장, 성사보호관, 변호인 등 사제 세 분이 함께 일하고 있었다. 모두 대학에서 사제 양성을 맡고 있는 교수들이었다.

교회 법원의 혼인 법정은 신자들의 영성적 이익을 위해 혼인성사가 유효하고 합법적으로 거행되었는지 심사해서 판결해 주는 곳이다. 교회는 신자들에게 혼인의 불가해소성을 가르치고 있다. 그래서 신자들은 교회에서 한 번 맺어진 혼인은 성사혼이건 관면혼이건 그 시초부터 문제가 있었더라도 혼인 무효나 해소가 불가능한 것으로 알고 있다. 때문에 부득이한 상황에서 이혼했음에도 신자들은 무조건 교회의 모든 성사에 참여하지 못하는 것으로 알고 영원히 교회를 떠나는 경우가 허다하다. 이런 경우 혼인 법정은 처음부터 그 혼인이 적법하게 성사되었는지 여부를 재판한다. 물론 합법적으로 맺어진 혼인이라면 배우자가 사망하기 전에는 절대로 해소가 불가능하다. 그러나 처음부터 적법하게 성립되지 않은 혼인일 경우, 혼인 법정은 그 혼인에 대해 무효를 선언하여 신자들이 성사의 은총을 다시 누릴 수 있도록 도와주고 있다.

평일에는 주로 혼자 근무하면서 상담이나 각종 잡무를 하고, 매주 화요일에만 법원장 사제가 청구인의 진술을 녹음했다. 청구인이 많은 날에는 성사보호관 사제도 도와주었다. 담당 사제들이 청구인으로부터 녹취한 진술 내용을 들으며 나는 타자를 쳤다. 문서화한 것이다. 컴퓨터가 없던 시절이니, 지금 아이들이 들으면 의아해할 것이다. 베틀로 베를 짰다는 부모 세대의 이야기를 우리가 호랑이 담배 피던 시절 이야기로 여기는 것과 같다.

진술 내용을 들으면서 잘못된 혼인으로 빚어지는 고통스런 상황을 간접적으로 체험함에 따라 신중한 결혼이 얼마나 중요한지 알게 되었다. 처음부터 적법하지 않은 결혼으로 인해 서로가 주고받는 상처는 가정 파탄으로 이어져 고스란히 자녀들의 불행이 되었다. 그야말로 처절한 세월을 살아가는 사람들이 많았다.

사제 세 분은 맡은 일에 최선을 다하는 좋은 분들이었다. 본당과 학교에서 사도직을 겸하고 있어, 당신들끼리 대면하는 일은 거의 없었다. 교구에서 매달 나오는 적은 운영비로 필요한 물품들을 구입하고, 세 분의 영명 축일도 챙겨 드렸다. 큰 선물을 준비할 수가 없으니, 그분들이 사제품을 받을 때 모토로 삼았던 내용을 찾아 한 글자씩 오려 붙여서 액자를 만들어 드렸던 기억이 난다.

성사보호관을 맡았던 사제가 안식년을 떠난 후, 언젠가 법원장 신부님이 내 축일을 축하한다며 변호인 사제를 대동하고 나타났다. 사실 그때도 내 축일은 아니었는데, 식당을 예약해 놓았다 해서 감사한 마음으로 맛있게 식사를 했다. 교구청 법원에서 4년을 보낸 후 다른 곳으로 소임이 이동되자, 법원장 신부님은 다른 법원 공증관들과 함께 거창하게 송별회를 마련해 주었다. 그리고 내가 석사 학위를 받은 것도 겸사겸사 축하한다며 18K 묵주 팔찌를 선물했다.

성사보호관 사제가 안식년을 떠날 때, 사실 나는 법원 차원에서 송별회를 함께 마련하고 싶었다. 그런데 여의치가 않아서 가족의 힘을 빌리려고 계룡산 등반을 제안했더니 기꺼이 응해 주었다. 동학사로 들어가는 초입, 오가는 등산객들 사이로 누워서 구걸하는 사람이 있었다. 울긋불긋한 등산복 차림의 많은 사람들이 이를 보고도 무심히 지나치는데, 그분은 구걸하는 사람에게 전해 주라며 내게 약간의 돈을 건넸던 기억이 난다. 역시 하느님의 부르심을 받은 사람은 어딘가 다른 점이 있다는 생각을 했다.

관구장님과 유기서원장님의 허락을 받고, 어머니 생신 즈음이라 계룡산을 등반한 후 거기서 가까운 집에 들러 식구들이 정성껏 마련해 준 식사를 함께했다. 자상한 그분은 등산길에서 부모님께 드릴 등산용 지팡이와 조카들 연필을 사서 선물로 주었다. 그 일이 인연이 되어 나의 셋째 언니는 지금까지 20년 이상 수원가톨릭대학교를 후원하고 있고, 여전히 한 교구의 큰 책임을 맡고 있는 그분의 열렬한 팬이다.

> 당신 섭리의 길로 우리를 인도하시는 주님, 순간순간의 만남이 소중함을 깊이 깨닫습니다. 그 만남을 소중히 이어 가게 해 주심에 감사드립니다. 영광과 찬미 받으소서.

모든 이에게는 각자의 길이 있다

몸도 생각할 줄 아나 보다. 수도 생활을 하면서 몸도 말을 할 줄 안다는 사실을 알게 되었다. 나의 몸은 입회 첫날부터 격렬하게 저항하기 시작했다. 수도 생활이 내겐 체질적으로 잘 맞지 않았던 것이다. 그것은 감정이 아닌 몸의 반응에서 알 수 있었다. 어릴 때 읽었던 동화책의 주인공인 하이디가 알프스 고원으로 돌아가고픈 그리움을 몽유병으로 표현했듯, 입회 첫날부터 나는 거의 뜬눈으로 밤을 지새웠다. 잠이 오지 않는 나는 불 꺼진 방에서 커튼을 살짝 걷어 제치고 창밖의 달을 바라보며 스스로 이렇게 위로하곤 했다. "오랫동안 친교를 나누며 너를 보살펴 주신 사랑하는 하느님이 여기 계시는데 뭐가 걱정이냐? 시간이 지나면 모든 것이 곧 익숙해질 거야." 그러나 불면의 밤은 9일 동안 계속되었다. 머릿속에서 수면이라는 기억 회로가 사라진 것 같았다. 급기야 9일째 되는 날, 청원장인 양 수녀님은 나에게 수면제를 먹도록 허락하였다. 그때서야 불면이라는 그 지독한 친구도 항복하고 물러갔다.

수도 생활을 시작하면서, 나는 하느님을 찾기는커녕 잃어버리고 말았다. 가까이 계신다고 믿었던 하느님은 더 아득하게 멀리 느껴졌다. 그 옛날 논둑길을 걸으면서 하느님께 산새처럼 조잘대던 대화를 나는 더 이상 나눌 수가 없었다. 이는 나에게 커다란 충격으로 다가왔다. 하루하루 내 마음을 들여다볼 여유도 없이 주어진 일정을 소화하기에 바빴다. 그토록 가깝게 생각했던 하느님은 어디 계신지 보이지도, 느낄 수도 없었다.

수련기가 끝나고 첫 서원을 하기에 앞서, 나는 수련장님을 찾아가 아무래도 안 될 것 같다고 말했다. 수련장님은 수련기가 어려워서 그럴 수도 있으니, 유기 서원 때 사도직에 참여하면 괜찮을 거라고 타이르며 용기를 주었다. 나는 후회를 남기지 않도록 갈 수 있는 데까지 가 보자고 결심하면서 서원하였다.

많은 이들의 성원과 아픔 속에 떠나온 나는 이 길을 쉽게 포기할 수가 없었다. 더구나 어린 제자들에게 헤어짐의 깊은 상처까지 주었는데 어떻게 다시 돌아갈 수 있겠는가. 그것은 내게 수도원에서 눌러 사는 것보다 더 힘든 일이었다. 삶의 모범을 보여야 하는 선생이라고 불리던 내가, 거룩한 구도자의 길을 걷다 중도에서 포기하는 모습을 제자들에게 보여 준다는 것은 있을 수 없는 일이었다.

그러나 신자 공동체를 돌보는 사도직에서도 보람과 기쁨을 찾을 수가 없었다. 수도자의 사도직은 대부분 사제의 책임과 권한 아래 이루어지기 때문에 나의 독립성과 자율성을 보장하지 않았다. 그래서 사제와 신자들 사이에 놓인 내 모습은 무기력하게만 보였다.

그런 상황에서 기도라도 할 수 있으면 좋으련만, 그것도 마음처럼 되지 않았다. 내 그리운 하느님은 어디 계신지, 꽁꽁 숨어서 나타나지 않으셨다. 임을 애타게 기다리는 심정을 그린, '어서 일어나십시오'라는 시가 있다.

>당신이 잠들어 누워 계신
>초가집 담장 밖에서 저는
>서성이고 있습니다.
>
>담장 위 탐스럽게 열린 흰 박과 시든 잎 사이로
>당신의 기척을 살핍니다.
>
>흙담 사이에 핀 꽃잎 하나 따
>댕기 머리에 꽂아 봅니다.
>
>임이시여! 어서 일어나십시오.
>절
>당신 집 안으로 데려가 주십시오.
>
>바람이 찹니다.

종신 서원 피정을 앞두고 당시 관구장이었던 정 수녀님은 나와 면담을 끝낸 후 걱정이 되었나 보다. 서강대학교 최 신부님을 소개하며 찾아가 보라고 했다. 최 신부님은 나의 이야기를 다 듣더니, 지쳐 있다면서 1년쯤 쉬는 게 좋겠다고 했다. 그런데 지금은 모르지만, 그때는 쉴 수 있는 제도가 수도회에 없었다.

수도회는 내가 둥지를 틀기에는 버겁기만 했다. 나는 병들어 가고 있었다. 어제의 일도 잘 기억나지 않는 나 자신을 발견하고 적잖이 놀랐다. 어쩔 수 없이 내 내면의 소리, 즉 내 몸이 하는 말을 들어주기로 결심했다.

가족을 비롯하여 친구와 어린 제자들의 가슴을 그토록 아프게 하면서 떠나온 길인데, 참으로 염치가 없었다. 마음 깊은 곳에서 부끄러움이 밀물처럼 파도쳐 왔다. 그래도 하느님의 뜻이 아닌 길을 한 번 들어왔다는 이유로 계속 전진할 수는 없었다. 밖에 비춰지는 나의 모습보다 내가 나 자신을 보듬고 아끼고 포용하는 것이 더 절실했다. 누가 뭐라 해도 나 자신에게 솔직하고 충실하고 싶었기에 내면의 소리에 귀를 막을 수는 없었다. 나 자신을 내가 이해하고 감싸지 못한다면 누가 챙겨 주고 든든한 보호막이 될 수 있겠는가.

하느님께서는 내가 건강하고 행복하길 원하신다! 수도 성소가 거룩하긴 하지만 나의 성소는 아니라는 결론에 이르게 되었다. 나는 하느님의 뜻이 다른 곳에 있다고 생각했다. 수도 성소가 모두에게 최상의 길일 수는 없을 것이다. 어떤 이에게는 맞지 않을 수 있다. 바로 그 일이 나에게 나타난 것이다. 나는 모든 것을 버리고 전 생애를 걸고 온 몸과 마음으로 수도회를 찾아왔다. 그러나 하느님의 뜻은 다른 곳에 있었다. 그래서 아픔으로 이별했던 세상에 다시 조심스럽게 두 발을 굳건히 디딜 채비를 해야 했다. 떠나오면서 동기 수녀님이 내 손에 쥐어 준 편지다.

+ 주의 사랑

사랑하는 큰언니

어렵게 내린 결정에 나가는 발길이 가볍지만은 않겠죠. 웃으며 보내 드리려 했는데 마음은 그게 아니에요. 어쩌면 수녀원에서 수녀님으로서 보내는 마지막 밤이라 생각하니 더욱 마음이 저려 와서 결국 이렇게 글을 쓰고 있어요.

어찌 보면 짧고도 긴 세월이었는데…. 동료보다 친자매처럼 가깝게 살아왔는데…. 큰 기둥처럼 의지해 왔던 수녀님을 잃는다 생각하니 더욱 마음이 휑해지네요.

이젠 여기서 누구도 수녀님의 자리를 대신 채워 줄 순 없을 거예요. 저에겐 특히 든든한 큰언니였는데…. 앞으로 밖에서야 만날 수 있다지만, 여기서 언제나 반겨 주고 옆에 있다는 느낌은 받지 못하겠지요. 언제나 함께하고 끝까지 같이 가는 길이었으면 했는데….

우리 그룹이 두메꽃이라 불리지만 정말 외롭고 힘드네요. 혼자 노래 부르다 처음으로 너무 슬픈 마음이 들었어요. 앞으로 이 노래를 부를 때마다 수녀님이 떠오를 텐데…. 이젠 각자 다른 곳에서 꽃을 피워야겠죠.

수녀님, 새롭게 시작하는 생활이 빨리 안정되고 언제나 기쁘고 평화롭기를 항상 기도드릴게요. 지금은 이별이 아프겠지만, 빨리 잊고 언제나처럼 더욱 다정한 큰언니로 만나 주시기를 손꼽아 기다릴게요.

내일 웃으며 수녀님을 대하려고 해요. 그런데 혹시라도 주책 부리듯 약한 모습을 보이면 이해해 주세요. 괜히 마음 아파하지 마시고요. 떠나는 순간까지는 웃으며 보내 드리고 싶어요. 그 다음은 제 마음이니까.

이 편지 보실 때쯤에는 한바탕 울고 났을지도 몰라요. 하지만 걱정 마세요. 이별에 약간은 눈물이 따라야 되는 거잖아요. 영영 이별하는 것도 아닌데 제가 너무 궁상맞죠?!

다음에 전화나 편지를 드릴 때는 다시 심술궂은 데레사로 돌아와 있을 거예요. 수녀님, 건강하시고 평화로운 매일을 맞으세요.

– 막내 데레사 드림

이렇게 나는 수도회 가족과도 또다시 이별을 고할 수밖에 없었다. 수도회에 오기 전에 나의 선택으로 많은 이들에게 혼란을 준 것이 마음의 부담으로 남아 있지만, 하느님께서 모든 일을 예비하셨다고 믿으며 의연한 모습으로 기도했다.

하느님, 모든 이에게는 각자의 길이 있나 봅니다. 좋다고 해서 그 길을 갈 수 있는 것도 아니고, 가고 싶다고 해서 가게 되는 것도 아닌가 봅니다. 언제나 주님은 저의 길을 비추어 주실 것이라고 믿습니다.

북한에서 온 여자

8년간의 수도 생활을 마치고 나왔을 때, 가족들은 나를 북한에서 온 여자라고 불렀다. 그만큼 세상이 많이 변해 있었다. 세월이 그리 만만하지 않음을 다시 한 번 느꼈다. 잘 차려입고 나가도 어딘가 달라 보이는지 사람들은 이상한 눈으로 나를 한 번 더 쳐다보곤 했다. 하긴, 교통비나 담뱃값은 물론이고 은행의 현금 인출기조차 사용할 줄 모르던 때였다. 초등학교 시절, 선생님들로부터 담뱃값 모르는 사람을 만나면 간첩이니 가까운 경찰서에 가서 반드시 신고하라고 단단히 교육받은 언니들이 세상물정에 어리벙벙한 나를 두고 놀리는 말이 '북한에서 온 여자'였다.

특히 그 당시엔 '삐삐 무선 호출기'라는 것이 유행하고 있었다. 지금의 휴대폰과 비교하면 훨씬 성능이 뒤떨어지지만, 삐삐가 울리면 전화번호가 떠서 가까운 공중전화로 찾아가 상대방에게 전화하면 어디서든 서로 연락이 가능했다. 물론 전화할 곳을 찾지 못하면 허사였지만 말이다. 그래도 많은 사람들이 삐삐를 가지고 다녔는데 나는 그것 역시 사용할 줄 몰랐다.

깊은 산에서만 살던 원주민이 갑자기 자동차들이 이리저리 오가는 변화한 문명의 거리 한복판에서 어리둥절한 모습으로 서 있는 심정이 내 심정과 같지 않았을까 싶다. 처음 보는 문명의 이기에 대한 신기함, 하지만 그것을 사용할 줄 모른다는 당혹감이 늘 함께 나를 따라다녔다.

　퇴회하던 날, 식구들은 전역한 군인을 맞이하듯 앞날을 걱정하면서도 모두 기뻐하였다. 아버지는 밤늦게 차를 몰아 나를 데리러 오셨고, 어머니는 기도가 이루어졌다며 좋아하셨다. 작은 형부와 언니는 자기네 집에 와서 머물라며 방 하나를 비워 주었다. 이렇게 나는 가족의 축복 속에 다시 사회에 발을 들여놓게 되었다. 가족들은 나를 만나면서 잃었던 자식과 형제를 다시 찾은 느낌이었을까? 아무튼 하느님은 우리 가족을 물끄러미 내려다보시며 자비로운 미소를 머금으셨을 것이다.

　그 사이 가족들에게도 변화가 있었다. 공무원인 여동생은 같은 공무원을 남편으로, 회사원인 남동생은 약사를 아내로 맞이하였으며 조카들까지 커 가고 있었다. 하루하루 아무런 변화 없이 세월이 흘러가는 듯해도, 신비로운 하느님의 일들은 은총 가운데 조용히 지속적으로 진행되고 있었다.

　어디서 무엇을 하든 상관없이, 하느님께서 주신 아름다운 자아를 잘 가꾸는 일이 가장 중요하다고 여기며 마음을 다독여 본다. 그리고 새롭게 걸어 나가야 할 또 다른 미지의 길을 찾아 나서며,

나만의 독특한 삶을 허락해 주신 하느님의 특별한 사랑을 헤아려 본다.

> 나의 하느님, 하루하루가 큰 변화 없이 흘러가는 듯해도 많은 세월이 지나 뒤돌아보면 엄청나게 이루어 놓으신 당신의 은총을 보게 됩니다. 주어진 삶 속에서 주신 은총에 늘 감사하며 살게 해 주십시오. 이제 다시 무리를 떠나 혼자가 되었습니다. 이 세상에 혼자 왔고, 도중에 많은 길동무를 만나 얼마 동안 즐겁게 지내다가 다시 헤어지고, 다른 길동무를 만나 추억을 쌓고 헤어지면서 결국엔 다시 혼자서 가는 여정입니다. 늘 함께해 주시는 당신께 감사드릴 뿐입니다.

*혼자 길을 떠나도 그곳에서
또 다른 새로운 사람을 만나게 된다*

한 단 위에 닿은 때는

아랫단은 손을 떼라.

아니고 올라가는 방법은 없다.

아랫단은 손을 떼라.

위로 한 단마다에

한결 반짝이는 광휘와

더욱 큰 사랑의 태양이 보인다.

위에 닿았을 때에

아랫단은 손을 떼라.

아이린 스탠리Irene Stanley의 이 시를 고등학교 2학년 때 담임이었던 채수천 선생님이 시험을 망치고 풀이 죽어 있는 우리를 위해 칠판에 적어 주셨다. 상심해 있는 우리에게 회초리 대신 한 편의 시로 위로해 주셨던 선생님은, 지금도 가끔 좋은 글들을 모아 우편으로 보내 주시곤 한다. 그렇다. 한 단 위에 닿았으니, 아래 계단에 놓여 있는 발은 떼야 한다. 그래야 다음 계단으로 올라갈 수가 있다.

새롭게 적응할 시간이 또다시 필요했다. 비록 예전 삶의 방식에서 마음이 갈망하는 바를 찾지는 못했지만, 예전의 많은 것들에 나는 이미 익숙해져 있었다. 뷔페식으로 먹는 식습관이 익숙해져, 집에서 된장찌개 하나 놓고 이 숟가락 저 숟가락 왔다 갔다 하는 것이 낯설게만 느껴졌다. 옷도 입던 대로 입고 싶은데, 식구들은 이상하다며 어색하기 그지없는 옷을 골라 주었다. 대학 시절에는 내가 옷을 골라 주지 않으면 밖에도 못 나가던 여동생이, 이제는 거꾸로 나를 일일이 챙겨 주었다. 식구들이 골라 준 옷을 입고 길을 나서도 지나가는 사람들은 행동이나 말에서 어딘가 이질감을 느끼는지 나를 이상한 눈빛으로 쳐다보았다. 원래 살던 곳으로 다시 돌아왔건만, 나도 예전의 내가 아니고 땅도 그때의 땅이 아니었다.

　스스로 삶의 길을 찾아 나서야 했다. 배운 게 도둑질이라고 할 수 있는 거라곤 아이들을 가르치는 것인데, 그 방식도 지금 얼마나 달라졌을지 알지 못했다. 생각 끝에, 캐나다행을 결심했다. 어차피 해외에서 외국인이 헤매는 것은 별로 이상하지 않을 테고, 영어에 대한 감각도 익히면서 다시 도약하기 위한 잠깐의 휴식이 필요했다. 당시 미국에 가려면 비자가 필요했지만, 캐나다는 6개월 정도 여행 비자로 다녀올 수 있었다. 그리고 현재는 캐나다 환율이 미국과 거의 같거나 간혹 비싸기도 하지만, 당시만 해도 캐나다 달러가 600원이라면 US 달러는 1000원 정도 했으므로 비교적 저렴하기도 했다.

1996년이니 한국에서는 휴대폰이나 인터넷도 일반화되지 않던 때였다. 국제 미아가 되어 영원히 연락이 두절될까 봐 식구들은 걱정이 앞섰다. 맨 위로 오빠 하나와 맨 아래로 남동생이 있고, 그 가운데 딸 다섯이 연이어 있는 우리 집 형제들은 우애가 각별했다. 언니들은 바닷물에 바늘을 빠뜨리는 심정이라며 나를 두고 노심초사하였다.

그런 우여곡절 끝에 4월 2일 한국을 떠나 18시간을 날아서 캐나다 앨버타Alberta 주 에드먼턴Edmonton에 도착한 시각은 같은 날 오후 3시였다. 한국보다 16시간이 느린 까닭에 하루를 덤으로 얻은 셈이었다. 한국은 봄의 문턱에서 개나리가 피려 했는데 캐나다는 온통 눈으로 뒤덮여 여전히 추운 날씨를 보이고 있었다. 도착해서 가장 먼저 한 일은, 걱정하고 있을 가족들에게 무사하다고 전화로 알리는 것이었다.

또다시 걸어 왔던 길의 환경과 관습을 버리고 새로운 길의 환경과 규정을 익혀야 했다. 비행기 안에서 대학을 휴학하고 어학연수 길에 오른 수연이와 성희를 만났다. 그들과 이야기하면서, 좋은 직장을 구하기 위해 토익 시험 바람이 불고 있음을 알게 되었다. 내가 공부할 때만 해도 토익 시험이라는 것이 없었기 때문에, 타지까지 가서 힘들게 시험을 준비하며 경쟁해야 하는 그들의 절박한 현실을 피부로 느낄 수 있었다. 대화 중에 존댓말을 쓰자 그들은 금방 언니라며 자신들에게 말을 놓으라고 했다. 그런데 수도회에서 입회순으로 그룹이 정해져 나이에 상관없이 존댓말을 써야 했던 습관 때문에 조카 같은 아이들에게도 말을 놓기가 쉽지 않았다.

에드먼턴은 넓은 면적에 비해 인구밀도가 적어 환경이 쾌적하며 잘 정돈된 한적한 지역이었다. 번잡하지 않은 곳에서는 신호등이나 횡단보도가 따로 없어, 사람들이 필요할 때마다 기둥에 붙은 벨을 누르면 차가 언제든지 정지해서 건널 수 있다는 점이 특이했다. 차들도 서행하면서 보행자에게 먼저 가라는 신호를 보낸다. 사람보다 차가 우선인 나라에서 온 나는 목례로 답하면서 황송해 했다.

어디를 가든 새롭게 만나는 사람들이 있게 마련이다. 숙소 옆방에는 타이완에서 온 제시카Jessica가 있었는데, 금방 친해져서 며칠 후에 자기 방으로 초대하더니 스파게티와 맛있는 후식을 대접했다. 석 달 전에 도착했다는 그녀는 아주 친절하고 발랄한 학생이었다. 자기가 아는 좋은 사람이 있다며 소개시켜 줄 테니 타이완에 같이 가자고 말하기도 했다.

걸어서 5분 거리에 성당이 있는데 그곳에서 캐나다인 매슈Matthew와 한국 대학생인 바오로, 데레사, 요한을 만나 성경 공부를 함께 하기도 했다. 그들의 도움으로 도서관에서 무료로 책을 빌려 볼 수 있는 도서 대출 카드도 만들고, 몬트리올Montreal 은행에서 통장도 개설하였다. 이렇게 혼자 길을 떠나도 그곳에서 또 다른 새로운 사람을 만나게 된다.

> 하느님, 우리는 길을 나설 때마다 새로운 길에서 새로운 길동무들을 만나곤 합니다. 인연에 따라 어떤 길동무와는 10리를 함께 가며 꽃이 만발한 들길을 걷기도 하고, 어떤 길동무와는 100리를 함께 가며 언덕과 산길을 걷기도 합니다. 당신처럼 꽃길을 지나 산길로, 산길을 지나 들길로, 들길을 지나 강 길로 다정하게 평생 함께하는 길동무도 있습니다. 길 위에서 마음 맞는 사람과 함께할 수 있다는 것은 참으로 행복입니다. 그런 길동무들을 길마다 안배해 주신 주님, 영원히 찬미와 찬송을 받으소서. 아멘.

태양이 작열하는 여름이 지나면
결실의 계절이

    수도원에 들어갈 때는 정문으로 들어가고 나올 때는 뒷문으로 나온다는 말이 있다. 정확한 유래는 알 수 없지만 수도원을 퇴회한다는 것은 떳떳하지 못한 일, 있어서는 안 되는 일, 드러내서는 안 되는 숨겨야 할 일, 인생의 낙오자로 간주되는 일이라는 의미일지도 모른다. 그래서 퇴회한 사람들은 수도회와 연결된 사람들과도 연락을 끊고, 심지어 세상 사람들과도 단절된 채 기를 펴지 못하고 사는 것이 일반적인 현실이었다.

    그러나 사람마다 주어진 상황이라는 것이 있다. 남과 다른 그 처지가 하느님께서 주신 독특한 소명일 수 있다. 그래서 나는 내 상황을 인정하고 다른 사람에게도 드러내는 것이 중요하다고 여겼다. 숨기고 감출수록 그 사람이 운신할 수 있는 폭도 좁아질 것이기 때문이다.

    캐나다에 도착하여 자리를 잡으면서 가족, 아껴 주고 염려해 주셨던 수도회 관구장 정 수녀님, 교구 법원을 떠날 때 안식년이어서 인사를 못 드렸던 성사보호관 신부님, 종종 자가용으로 퇴근시켜 주셨던 교구청 임경부 과장님께 편지를 드렸다. 그분들의 기대에 부응하지 못해 못내 죄송했지만 어쩔 수 없는 상황이었고, 이는 모두 함께 수용해야 할 몫이었다. 다음은 받은 답장들의 일부이다.

+ 주의 평화

사랑하는 골룸바 님께

보내 준 편지는 잘 받았습니다. 거의 20여 일이나 걸려 도착했군요. 이곳까지 날아오느라 무척 힘이 들었나 봅니다. 나는 2월 초에 귀국하여 강의를 준비하면서 지냈고, 3월에 개강하면서 주어진 일, 맡겨진 일에 쫓기며 생활하고 있습니다.

귀국하여 소식 듣고 무척 놀랐습니다. 참으로 믿어지지 않아 귀를 의심했습니다. 물론 결과만 들었을 뿐, 자세한 사정은 전혀 모르고 있습니다. 연락이 오길 기다렸으나 이제야 소식을 듣게 되었군요. 모두에게 다 그렇겠지만, 골룸바 님께 중요한 것은 정직하고 건강하게 이 세상에 존재함입니다. 편지 받고 안도의 숨을 쉬며 주님께 감사의 기도를 드렸습니다.

안타까운 심정이야 가눌 길이 없지만, 지난 일의 과정들이 뭐 그리 중요하겠습니까? 현재에 충실하고, 마음 편히 지낸다니 든든할 뿐입니다. 본래 성실한 분이니 밝은 미래와 성공이 다가올 것이라고 믿습니다.

수원에 계신 제 어머니는 현재 건강하시며 잘 지내고 계십니다. 가끔씩 뵈오며 길게 남지 않은 여생이라고 생각하면 마음이 슬퍼지기도 합니다. 머지않아 헤어져야 하기 때문이지요.

1980년대 중반, 꼭 10년 전인 듯합니다. 2주간 캘거리와 에드먼턴을 방문한 기억이 선명히 떠오릅니다. 깨끗하고 계획이 잘된 반듯한 도시였습니다. 큰 볼거리(쇼핑센터, 오락 시설 등)가 있고, 환경이 쾌적했으며 분위기가 있었지요. 가을 단풍이 세계적으로도 아름답다고 하지요. 캐나다는 아주 질서 있고, 인구 변화도 크게 없어 살기 좋은 나라라고 소문난 곳입니다. 6개월이 지나면 이곳으로 오는지요? 아니면 계속 그곳에서 일하며 머물게 되나요?

돌아보면 법원 생활, 본당 생활, 수도 생활 모두 쉽지 않았겠지요. 어디서든 다양한 갈등들이 숨어 있었을 거라고 생각합니다. 지금 와서 과거의 아픈 기억들을 반추한들 무슨 소용이 있겠습니까? 복잡한 생각일랑 접고, 앞만 보며 끊임없이 전진하십시오. 생각하면 가까이 있어야 할 분을 상실했다는 허탈함이 나의 마음을 아프게 하지만, 모두 부정하지 않고 현실로 받아들입니다.

13개월여 만에 다시 맞는 학교생활! 저는 강의도 낯설고 모든 것을 새로 시작하는 신입생 마음입니다. 다시 주어진 논문을 쓰면서, 강의를 준비하면서 마음 자세를 바로잡고 있습니다.

어디서 지내든지 건강하고 자신감 있는 모습으로 굳건히 나아가길 바랍니다. 강인한 정신력으로 매사를 긍정적으로 바라보고, 한 치의 허점도 용납하지 않는 예리한 판단력으로 현실을 분석하며 헤쳐 나가기를 바랍니다. 골룸바 님은 능히 원하는 바를 해낼 수 있으리라 믿습니다. 이 땅에는 지금 개나리와 진달래가 한창입니다. 어김없이 봄이 왔음을 온 세상에 웅변하듯 알리며 증명하고 있지요. 골룸바 님! 과거의 토대를 기초 삼아 도약하는 삶이 되도록 함께 힘씁시다. 새싹들이 검게 그을리고 태양이 작열하는 여름이 지나면 결실의 계절이 오고, 다시 낙엽이 지는 가을이 될 것입니다. 그렇게 세월이 흐르고 나면, 지금은 아득히 보이는 저 세월 뒤에 선물로 받은 삶 속에서 후회 없이 자신에게 정직했노라고 말할 그날을 그려 봅니다. 자기실현을 위해 무엇보다도 중요한 것은 건강입니다. 매사에 무리하지 말고, 건강에 주의하시길 바랍니다.
주님께서 항상 보살펴 주시길 기도합니다.

수원가톨릭대학교에서
마티아 신부

예전에 신부님은 "수도원을 나온 사람이 제일 불쌍하다."고 말씀하신 적이 있는데, 내가 힘들게 살까 봐 몹시 걱정되었나 보다. 나에 대한 신부님의 염려와 사랑이 편지에 그대로 나타나 있다. 신부님의 바람대로 헛된 삶이 아닌, 바르고 알찬 열매를 맺는 삶을 개척해야겠다고 다짐해 본다.

그립고 사랑하는 우리 딸 보아라.

머나먼 이국땅에서 너의 혼이 담긴 편지를 받아 보니 얼마나 반가운지 모르겠다. 날씨가 추울 것 같은데 봄가을 옷만 가져가서 춥지 않을까 염려된다. 열심히 배우고 고국으로 돌아와서 살기를 바라며 엄마는 매일 기도한다.

어제는 오랜만에 집에 가 보았다(조카들 키우며 시내 여동생네 집에 계셨음). 뜰에 활짝 핀 노란 수선화가 새삼스럽게 무척 반갑더구나. 매년 피는 것인데 말이다. 꽃잔디도 피기 시작하고, 집은 집대로 정겨웠어.

아버지와 나는 오후에 등산을 다녀왔다. 어제는 지해를 데려갔는데, 지해(당시 6살)는 몸이 가벼워서 훨훨 날아다니더구나. 또 어찌나 야무지고 살뜰한지. 내 앞으로 걸어가면서 돌이나 나뭇가지가 있으면 치워 주지 뭐냐. "할아버지는 뭐 하는 사람이야? 할아버지가 할머니 신랑이잖아. 왜 할아버지는 그냥 가?" 어린것이 이렇게 할아버지를 책망하면서 가니 얼마나 우스운지 한참 웃었단다. 내려오는 길에는 진달래꽃을 꺾어다가 자기 엄마랑 동생에게 보여 준다고 하더라. 오늘은 이만하고 다음에 또 전할게.

만물이 소생하는 계절에, 엄마가

어머니는 지금까지 40년 이상 일기를 쓰고 계신다. 어머니의 편지를 받으니, 앙증맞은 조카의 모습이 눈에 선하게 그려졌다. 지금 그 조카는 예쁘게 자라서 어엿한 대학생이 되었다. 어릴 때 할머니를 챙기던 그 예쁜 심성 때문인지, 사회복지학을 전공하고 있다.

+ 주께 찬미

수녀님, 편지 잘 받았습니다.

미국인 줄 알았는데 캐나다로 가셨군요. 호칭을 생각하다가 익숙한 것이 편할 것 같아서 그냥 수녀님으로 부릅니다. 수도회에 소속된 수도자가 아닌 마음을 닦으며 살아가는 수녀님으로….

수녀님이 수도회를 떠났듯 저도 7월 말에 수원교구청을 떠납니다. 최덕기 주교님이 새로 부임하시고, 많은 계획들이 진행되는 시점이라 떠나는 과정이 그리 쉽지는 않았습니다. 그러나 마음의 자유를 찾아 지난날의 모든 것을 뒤로하기로 했습니다.

수녀님이 주님 안에서 살아가는 것같이 저도 그렇게 되리라 믿으면서 여생을 챙겨 보고자 합니다. 모쪼록 먼 나라에서 건강에 각별히 유념하시고 외롭지 않으시기를 빕니다.

수원교구청 임경부 드림

그토록 이해심 많고 넉넉한 인품을 지녔던 과장님은 이른 나이에 암과 싸우다가 끝내 저세상으로 가셨다. 그곳에서 하느님과 넉넉한 웃음을 지으며 이 세상을 지켜보고 있을 것 같다. 과장님! 그곳에서도 편안하시지요?

 1996년, 이 편지들이 항공 우편으로 오가는 데 거의 한 달이 걸렸다. 그러나 2012년 현재, 불과 16년 만에 세상은 엄청난 속도로 변했다. 이제는 손가락 하나로 시공간을 뛰어넘어 모든 일이 일사천리로 이루어지고 있다. 과학의 엄청난 힘에 놀라지 않을 수 없다. 이렇듯 세월이 흐름에 따라, 과학 기술은 어디까지라고 짐작하기 어려울 정도로 진보에 진보를 거듭하고 있다.
 과학 기술뿐만이 아니다. 세월의 흐름은 살아 있는 모든 것도 변하게 만든다. 태양이 작열하는 여름이 지나면 결실의 계절이 오듯, 지구상에 존재하는 모든 사람도, 집도, 자연도, 물건도 세월의 흐름에 따라 생성과 소멸을 거듭한다. 정말 모든 것이 어디로부터 와서 어디로 가는 것인지 묻지 않을 수가 없다. 그리고 영원히 남는 것은 무엇일까?

 하느님 아버지! 세월에 따라 무서울 정도로 변하는 삶의 모습에 놀랍기만 합니다. 그러나 사람과 사람 사이에 주고받은 따뜻한 배려나 친절은 영원히 변하지 않겠지요. 오래도록 가슴에 남아 함께 숨 쉬며 살아가게 될 것입니다. 모두 평안하시길….

검푸른 나무들이 고요히 숨죽여 기도하다

캐나다에 머무는 시간은 나에게 새로운 도약을 준비하는 휴식 기간이기도 했다. 5월 중순에는 3박 4일의 여행이 기다리고 있었다. 퀘벡Quebec에서 온 다니엘, 일본에서 온 다케시, 타이완에서 온 릴리와 비샹, 소피, 한국인인 유진과 나. 이렇게 남자 2명과 여자 5명, 다양한 나라에서 온 7명의 사람들로 팀이 꾸려졌다.

5월 17일 금요일, 우리는 승합차를 빌려 저녁 6시 30분쯤 에드먼턴을 출발했다. 다니엘이 운전을 맡고, 우리는 뒤에 앉아 차창 밖으로 스치는 경치를 바라보면서 감탄사를 연발했다. 한국에서부터 비행기로만 움직였기 때문에 캐나다의 속살을 가까이서 볼 수 있는 기회가 없었다.

캐나다의 풍광은 눈에 보이는 하나하나가 인간의 손이 닿지 않은 원시적 자연의 아름다움을 고스란히 간직하고 있었다. 광활한 하늘을 향해 쭉쭉 뻗은 침엽수림과 그 둘레를 맴도는 옥색의 호수들, 멀리 바라다 보이는 평화로운 사슴 떼와 비버 등의 야생 동물. 그야말로 아름다움이란 이런 것이라고 웅변적으로 보여 주는 듯했다.

어느덧 차는 울창한 숲 사이로 가느다랗게 연결된 길 위를 어둠을 뚫고 아슬아슬하게 달리고 있었다. 달리는 차의 불빛을 피해 달아나는 야생 동물들을 바라보면서 원시 시대의 어느 지점에 와 있는 기분이 들었다. 밤 10시, 드디어 그날의 종착지인 말린 캐니언 호스텔Maligne Canyon Hostel에 도착했다. 한치 앞도 분간하기 어려울 정도로 어둠이 짙게 내려 있었고, 우리는 곧바로 잠자리 들기에 바빴다.

　이튿날인 5월 18일 토요일, 아침 7시 30분에 나는 잠에서 깨어나 어두울 땐 보이지 않던 호스텔과 주변 경관을 살폈다. 나무로 된 조그만 오두막집은 낡아서 걸음을 옮길 때마다 삐거덕거렸고, 세수할 공간도 마땅하지 않았다. 문을 열고 밖에 나오니, 어둠 속에서 아직 제 색깔을 찾지 못한 기다란 바늘 모양의 침엽수림들이 동트는 하늘을 배경으로 검은빛을 띠며 제 키를 자랑하듯 곧게 뻗어 있었다. 나무 주위엔 자갈과 매끈한 돌들이 있고, 그 사이로 새벽잠을 깬 시냇물이 졸졸 흐르며 타지에서 온 낯선 방문객에게 아침 인사를 건넸다. 여명이 채 밝지 않은 이른 새벽, 검푸른 나무들은 고요히 숨죽여 기도하는 듯했다. 치장하지 않고 잠이 덜 깬 자연의 모습은 고향을 마주하는 진솔한 느낌으로 나에게 감동스럽게 다가왔다. 그 분위기에 흠뻑 젖어 무아의 경지에서 나는 천천히 이리저리 고개를 돌려 하느님이 주신 장엄한 경관을 감상하며 입을 다물지 못했다. 나의 마음은 평화로운 환희로 가득 찼고 행복했다. 그리고 천천히 몸을 굽혀 흐르는 물에 손을 담그고 조용히 얼굴을 닦았다.

일행이 여행을 시작하기도 전에 나는 여행을 끝낸 느낌이었다. 새벽에 본 그 감동스런 장면은 나의 마음을 흡족하게 채워 주고도 남았다. 그날 우리는 로키산맥Rocky Mts의 한 자리를 이루는 재스퍼 국립공원Jasper National Park과 휘슬러Whistlers 산, 유네스코가 선정한 세계 10대 절경의 하나인 레이크루이스Lake Louise를 보았다. 이튿날 밴프국립공원Banff National Park에서는 원주민의 전설 속에서 '죽은 자들의 영혼이 만나는 곳'으로 알려진 미네완카 호수Lake Minnewanka를 비롯하여 여러 곳을 둘러보았다. 이런 세계적인 명소들을 보았음에도 불구하고, 내 마음은 새벽에 마주했던 말린 캐니언 호스텔 정면에 있는 태곳적 신비를 고스란히 간직한 작은 시냇물의 정경을 잊지 못했다.

캐나다는 1년 내내 겨울이라고 해도 과언이 아니다. 사시사철 거의 눈 속에 파묻혀 있는 캐나다는 6월 말부터 7월 한 달까지만 기온이 올라간다. 특히 7월에는 낮이 길어져서 밤 10시에도 밖이 환하다. 그 기나긴 하루의 햇볕을 받아 모든 초목이 자라고 열매를 맺게 된다.

6월이 되면서, 캐나다에 처음 도착하여 두 달 동안 머물렀던 대학 기숙사에서 홈스테이로 숙소를 옮겼다. 필리핀계 중년 여성인

앨리샤Alicia는 국어 교사로, 캐나다인 남편과 결혼하여 마이크라는 착하게 생긴 아들 하나를 두고 있었다. 화학 교사인 남편은 한국 김치에 관심이 많았다. 슈퍼마켓에서 배추와 필요한 양념을 사다가 김치를 담가 주었더니 식구들이 모두 좋아하면서 즐겨 먹었다. 집에는 뜰이 있었는데, 책을 읽다가 무료해지면 뜰에 나가 수도원에서 하듯 잔디의 풀을 뽑으며 나를 들여다보곤 했다.

캐나다에서도 시간은 멈추지 않고 흘러갔다. 고국으로 돌아가기 전, 밴쿠버에도 한 달 정도 머물 예정이었다. 앨리샤가 친절하게도 밴쿠버에서 내가 머물 숙소를 수소문해 주었다. 나는 8월에 에드먼턴을 떠나 비행기로 1시간 남짓 날아가서 밴쿠버에 도착했다.

초등학교 교사였다는 독일계 안주인 엘마Elma는 당시 50세가 넘었는데 초등학교 2학년인 아들 에릭을 키우고 있었다. 마흔에 에릭을 낳은 엘마는, 아들이 땅콩 알레르기가 있다면서 음식에 매우 민감한 반응을 보이고 있었다. 나는 땅콩 알레르기라는 말을 그때 처음 들었다. 지금은 우리나라에도 땅콩 알레르기가 있는 아이들이 생겼지만, 그때만 해도 그런 사례가 없었다.

영국 에든버러 대학The University of Edinburgh에 있는 콜린 심슨Colin Simpson 연구원의 조사에 의하면, 땅콩 알레르기는 가난한 아이들보다 중상층 아이들에게 더 많이 나타나는 질병이라고 한다. 가난한 아이들은 먼지나 벌레에 쉽게 노출되어 면역력이 강한 반면, 중상층 아이들은 비교적 깨끗한 환경에서 자라다 보니 면역력이 약하다는 것이다. 그러나 곧이어 런던에서 에블리나 아동 병원Evelina Children's Hospital을 운영하는 소아과 전문의 아담 폭스 박사Dr. Adam Fox가 꼭 그렇지만은 않다는 주장을 폈다. 가난한 아이들이 중상층 아이들보다 병원에서 치료받을 기회가 적어 통계 수치가 낮을 뿐, 그 진위 여부는 불확실하다는 것이다. 분명한 것은 세월과 환경에 따라 질병도 진화한다는 사실이다.

밴쿠버에 도착한 지 이틀 후, 엘마는 남편을 출근시킨 다음 에릭을 데리고 카필라노 현수교Capilano Suspension Bridge로 나를 안내했다. 카필라노 강 위로 70미터나 되는 높은 위치에 세워진 현수교는 보기만 해도 아찔하였다. 누울 자리를 보고 다리를 뻗는다고 했던가? 나무도 생각이 있어 자신들이 자랄 땅의 면적을 살피는지, 우리나라에서는 볼 수 없는 거대한 나무들을 보며 또 한 번 놀랐다. 파란 이끼를 곱게 입고 여기저기 누워 있는 우람한 나무 등걸들을 보며 짐작하기 어려운 세월의 무게를 느꼈다.

수천 년의 흔적을 고스란히 간직하고 있는 거대한 나무 옆을 지나는 사람들은 그야말로 고목나무에 붙은 작은 매미 같았다. 누가 인간을 만물의 영장이라고 했는가. 그곳에서 인간은 지극히 미소한 자연의 일부에 지나지 않았다. 유구한 세월을 묵묵히 지켜 오면서 온갖 풍상을 겪었을 거대한 나무 앞에서 인간의 왜소함을 깊이 느끼는 순간이었다. 자연의 일부에 불과한 인간이 온 우주의 주인 인양 행세해 왔음을 깨달으니 당황스럽기까지 했다.

> 하느님! 나무도 식물도 생각이 있어 자기들이 뿌리내린 지형에 따라 모양을 만들고 형체를 이루어 간다고 생각하니 신비롭기만 합니다. 인간도 자연과 마찬가지로 우주의 일부에 지나지 않음을 깨달으면서 더욱 겸손해져야겠다고 다짐해 봅니다.

한쪽 문이 닫히면 다른 쪽 문이 열린다

한쪽 문이 닫히면 다른 쪽 문이 열린다고 했던가? 캐나다에서 재충전의 시간을 갖고 돌아오니, 남의 곤란한 처지를 눈 뜨고 못 보는 안양에 사는 작은언니가 벌써 내 이력을 모두 알린 후 학원 강사 자리를 마련해 놓고 기다리고 있었다. 일단은 찬밥 더운밥 가릴 처지가 아닌지라 무슨 일이든 하면서 다시 생각해 보기로 하고, 곧바로 학원으로 출근하기 시작했다.

학원은 9시에 출근해서 6시에 퇴근하는 일반 직장인과 달리 오후 1시에 출근하여 밤 10시나 11시까지 근무했다. 출근해서 직원회의를 하고 나면, 초등학교부터 중고등학교까지 보통 하루에 네다섯 시간의 수업이 있었다. 집에 오면 밤 11시나 12시를 훌쩍 넘겼다. 그리고 이것저것 하다 보면 새벽 한두 시에 잠들게 된다. 아침에는 식구들이 직장으로, 학교로 나간 이후에 일어났다. 이렇게 하루 중 반나절이 보통 사람들과는 완전히 다르게 돌아가는 셈이었다. '사람들이 이런 식으로도 생활하는구나.' 하고 깨달으면서, 다양한 사람들이 다양한 방식으로 살아가고 있음을 다시금 체험하게 되었다.

학원은 특수반과 보통반으로 나누어졌다. 중간에 칸막이가 있어 강사와 학생들도 모두 두 부류로 분류되었다. 처음에 영어 회화를 담당하면서 나는 특수반과 보통반을 모두 가르쳤다. 시험을 보는 것도, 학교 성적에 반영되는 것도 아니므로 회화반은 부담이 없었다. 요즘 아이들이 어떻게 달라졌을지 염려했는데, 아이들은 여전히 아이들이었다.

한 달쯤 지나자 학원은 내게 특수반을 맡겼다. 내 열성적인 성격이 도져 특수반을 맡은 후에는, 그날 수업 목표를 달성하지 못한 학생은 끝까지 보내지 않고 붙들었다. 이왕 왔으니 학생도 나도 하는 데까지 열심히 해 보자는 생각이었다. 그리고 공부하기 싫어하는 아이들에게는 억지로 학원에 다니지 말라고 했다. 아이들은 이상하다는 눈빛으로 쳐다보면서도 자기들을 위해서 하는 말인 줄 아는지 나를 잘 따랐다. '학원에 다니지 말라고 했다.'며 고자질하는 아이도 없었는지, 학원장도 내게 별다른 말이 없었다. 아이들은 역시 나와 코드가 잘 맞는 모양이라고 생각하며 행복해했다.

강사들은 전문대 출신에서 서울대 출신까지 다양했다. 내 책상 바로 앞에 앉아 있던, 영화를 무척 좋아한다는 서울대 출신 강사는 집에 늦게 들어가도 비디오를 보다가 다음 날 한낮이 되어서야 일어난다고 했다. 세상을 초월한 사람처럼, 속은 모르겠으나 겉으로는 근심 걱정이 없는 자유인처럼 보였다.

나는 학원 강사들의 열정과 아이들을 아끼는 마음이 학교 교사들과 다를 바 없어 기뻤다. 기뻤다는 것이 무슨 뜻인가? 나 역시 학원 강사를 학교 교사와 달리 아이들에 대한 사랑과 교육 철학 없이 돈벌이에만 급급한 사람이라고 생각했던 것 같다. 이는 언론에서 사교육을 언급할 때 학원을 범죄 집단처럼 몰아가는 측면에 알게 모르게 나도 동조하고 있었음을 의미했다. 매스컴의 위력은 그렇게 대단한 것이다. 어떤 일이든 가장 부정적인 상황을 극단적으로 보여 준다면, 나쁜 집단이라는 오명에서 벗어날 직업은 하나도 없을 것이다. 평판이 훌륭한 집단에서도 악한 사람이 존재하고, 평판이 나쁜 집단에서도 선한 사람은 존재하는 법이다.

오늘날 우리 사회의 높은 교육열이 총체적으로 비난받는 현실은 안타까운 일이다. 청소년들이 마약이나 도박, 폭력적인 게임 대신 학업에 몰두하는 일이 왜 문제가 되는지 모르겠다. 가정과 학교, 사회에서 연마한 학생들의 전인적인 능력은 천연자원이 부족한 우리나라의 국익에 커다란 도움이 되는 인적 자산으로 길이 남을 텐데 말이다. 각자가 맡은 분야에서 책임을 다하는 것이 얼마나 바람직한 일인가? 군인은 군무에, 직장인은 맡은 직무에, 학생은 학업에 전념하는 것이 격려받을 일이지 비난받을 일은 아니라고 본다.

미국의 오바마 대통령은 한국 부모들의 교육열을 여러 차례 언급하면서 자국민을 독려했다. 미국에서 매우 부유한 부모들이 자녀의 공부를 위해 투자하는 교육비가 오늘날 한국에서처럼 사회 문제가 되었을지 의문이다. 물론 무분별한 교육열, 고액의 수강료, 수요자인 학생들의 바람을 충족시키지 못하는 무책임한 당국의 현실은 부인할 수 없는 우리 사회의 문제점으로 지적될 수 있다. 그러나 모든 악에는 악만 존재하는 것이 아니며 모든 선에도 선만 존재하는 것이 아니듯, 특정 집단을 향한 흑백 논리적인 비판은 지양되어야 할 것이다. 각 부분의 미흡한 점은 수정하고 보완하여 수레의 두 바퀴처럼 함께 건설적인 방향으로 나아가야 할 것이라고 본다.

> 주님, 이 땅의 정치가들이 자신들의 실책에서 비롯된 문제를 근본적으로 해결하지 않고, 자신들에게 돌아올 화살을 타인에게 돌리며 마녀사냥 식으로 직면한 문제를 왜곡하는 경우가 있습니다. 모두가 맡은 바 책임을 가지고 양심껏 성실히 일하는 사회 풍토가 되었으면 좋겠습니다.

다른 차들은 모두 어디로 갔을까

 학원 강사로 생활한 지 6개월이 지났다. 처음부터 학원에 있으려던 생각도 아니었고, 다 큰 처자가 친척 집에서 마냥 신세 지는 것도 염치없다고 생각하던 중이었다. 그런데 때마침 번역 의뢰가 들어왔다. 무슨 일이든 한 가지에 몰입하는 버릇이 있는지라 학원 강사직을 접고 고향으로 내려왔다. 번역이 생계를 보장해 주진 않지만, 언니 부부가 고맙게도 생활비를 전혀 받지 않은 관계로 강사 월급을 착착 모을 수 있었다. 그래서 당분간 필요한 최소한의 경비는 얼마간 걱정하지 않아도 되었다.
 고향 집에 오니, 옛날의 한가로운 정취가 느껴졌다. 번역하면서 마음의 여유를 갖고 대안 학교 쪽 일자리를 알아볼 생각이었다. 아흔이 넘으신 할머니는 말동무 잘 만났다 싶으셨던지, 컴퓨터 앞에서 작업하는 내 옆에 오셔서 이것저것 물어보셨다. 어머니가 방해하지 말아 주셨으면 했지만, 할머니는 슬그머니 건너와 일하는 내 모습을 자주 지켜보셨다. 할머니는 프린터에서 찍찍거리며 글자가 인쇄되어 나오자 깜짝깜짝 놀라며 마냥 신기해하셨다.
 어찌 신기하지 않겠는가? 자그마한 몸집에 1904년생이신 할머니는 15살에 종갓집 맏며느리로 시집을 오셨다. 그리고 열여섯 명의 자식을 낳았는데, 그중 8명은 저세상으로 먼저 보내고 살아남은 8남매를 기르셨다. 할머니는 큰며느리인 어머니가 시집 온 다음에도 막내 고모와 삼촌들을 더 낳으셨다고 한다. 할머니가 안방에서 막내 고모를 낳으면, 어머니는 건넛방에서 죽은 큰오빠를 낳았다. 또 할머니는 안방에서 넷째 삼촌을, 어머니는 건넛방에서 오빠를 낳았고, 할머니가 막내 삼촌 쌍둥이를 낳았을 때, 어머니는 큰언니를 낳았다. 말로만 들어서는 믿기지 않는 시대를 사셨던 할머니가 현대 과학의 문명을 보고 놀라는 것도 무리가 아닐 것이다.

  번역하다가 몸이 찌뿌듯해지면 뜰로 산책을 나가곤 했다. 시골집은 ㄱ자로 안채가 있고, 안채를 보호해 주는 사랑채가 있으며, 마당 오른쪽에는 안채와 사랑채를 연결해 주는 헛간이 있다. 안채 뒤뜰에는 시골 화단에서 흔히 볼 수 있는 채송화와 봉숭아를 비롯하여 할아버지가 한약방을 하시면서 심어 놓은 각양각색의 탐스런 작약, 수국, 구기자, 목련, 국화 등 한약재에 쓰이는 많은 약초들이 있었다. 그 꽃들이 제철을 만나 연달아 피기 시작하면 정원은 언제나 장관을 이루었다. 사랑채 밖에는 키 큰 미루나무들로 둘러싸인 둥근 연못이 있었다. 연못에는 어른 팔뚝보다 큰 잉어들이 노닐었는데, 겨울이면 연못이 꽁꽁 얼어서 동네 아이들이 썰매를 타는 즐거운 놀이터가 되곤 했다. 새마을 운동이 시작되면서 그 연못을 메

우고 놀이터를 만들어 어린이들이 놀 수 있게 했다. 그러나 지금은 시골에도 어린이들이 그리 많지 않아 갈아엎고 나무를 심어 놓았다. 세월과 함께 연못도, 연못에서 썰매를 타며 즐겁게 놀던 어린 친구들도 사라져 버렸다. 그 빈 뜰을 거닐며 흐르는 세월을 달리는 차에 비유하여 쓴 글이 하나 있다.

다른 차들은 모두 어디로 갔을까

어린 시절
울퉁불퉁한 시골길을
덜커덩거리며 달리는 낡아 빠진 버스에 내가 있다.

하루에 한두 번 마을 앞에 정거하는 차에는
땀 냄새 나는 시골 사람들로 빼곡하다.

어린 나는 내 키의 몇 배나 되는 어른들 사이에 끼어
숨 쉬기가 불편하다.
애 죽이겠다며
애써 아버지가 마련해 준 비좁은 공간 사이로
간신히 목을 빼고 숨을 쉬며
차창 밖으로 지나는 많은 차들을 신기한 듯 바라본다.

내가 타고 있는 차와 마찬가지로
사람의 몸은 보이지 않고 머리만 가득 실은 콩나물 차,
몸체보다 더 많은 짐을 싣고는 무서운 굉음을 내지르며
숨차게 달려가는 트럭,
그리고 서울까지 한 번도 쉬지 않고 간다는
오만한 빠알간 광주고속.
그렇게 많은 차들이 내 옆을 지나갔다.

계속해서
나는 달리는 차 속에 있고
다른 차들은 이제 보이지 않는다.
어린 나는 의아해했다.
다른 차들은 모두 어디로 간 것일까?

1999년 12월 23일, 할머니[신찰실 안내]도 전날 저녁을 잘 드시고 다음 날 아침 새벽에 96세로 하늘나라 고향으로 돌아가셨다. 평소 할머니는 정성스럽게 담근 술을 항상 광에 저장해 두고, 식사 때마다 사랑방에서 동네 어른들과 시조를 읊고 풍류를 즐기던 할아버지를 위해 한 잔씩 상에 올리셨다. 동네 한가운데 있던 우리 집에서 할머니는 지나는 사람들만 보면 손을 내저으며 큰 소리로 불러들여 광 깊숙이 숨겨 둔 술과 안주를 대접하던 정 많은 분이었다.

타인에게 덕을 많이 베푸셨던 할머니의 입관 날에는, 이름 모를 수천 마리의 새들이 어디선가 무리를 지어 날아와 둥그렇게 수십 번 원을 그리며 춤을 추더니 산 너머로 유유히 사라졌다. 많은 사람들이 이 광경을 목격하고 참으로 신비로워했다.

2002년 4월 30일, 아버지(최상태 요셉)도 하느님의 부르심을 받았다. 아버지는 당뇨 합병증으로 19일 동안 병원에 입원하셨다. 혈압이 떨어진다며 준비하라는 의사의 말을 듣고, 우리는 밤 11시에 앰뷸런스로 아버지를 고향 집에 모셨다. 평소 쓰시던 침상 위에서 아버지가 임종하는 모습을 지켜본 어머니는 일기장에 이렇게 적었다. "밤 11시에 집에 도착했다. 아이들의 효성 어린 병간호도 효과가 없었다. 운명 직전에 전복죽을 세 번 마시고, 배내똥을 기저귀에 묻힌 후 깨끗하게 고요히 운명하셨다. 주무시듯 참으로 곱게 새벽 2시 30분에 가셨다. 영원한 주님 곁으로…. 자식들의 곡소리가 하늘을 찌르니 하늘도 감동하셨으리라 믿는다."

아버지도 할머니를 닮아 인정이 많으셨다. 게다가 아버지는 수완이 좋아서 친구가 아들 취직 문제로 걱정하자 농협에 자리를 알아봐 주셨다. 그 아들은 명절 때마다 술, 과일, 고기를 사 가지고 집으로 찾아와서 고마움을 표시했다. 그리고 아버지가 돌아가신 후에도 10년이 지나도록 명절 때마다 과일을 들고 어머니를 찾아와 고마움을 표시했다. 참으로 진실한 사람이었다.

나의 주님, 생전에 그분들이 베푸신 덕이 남아 있는 자녀들에게도 오래 전해졌습니다. 참으로 따뜻하고 훌륭하신 분들이었습니다. 그런 분들이 저의 할머니와 아버지가 되게 해 주셔서 감사합니다!

벼랑 끝에서, 찾던 임을

고향 집에서 자잘한 번역을 하며 내가 가야 할 길을 모색하고 있었다. 평생 아이들과 함께할 수 있는 일과 소박한 안식처만 있다면 어디서든 여생을 보낼 수 있다고 생각했다. 변산 공동체를 운영하는 윤구병 선생님의 「실험 학교 이야기」를 읽고 친구인 박 선생과 변산을 다녀오기도 했으며, 본당의 박 수녀님과 충북 옥산에 있는 천주교 양업고등학교를 방문하기도 했다. 그러나 모두 여의치 않았다.

창공을 훨훨 날던 새가 갑자기 추락하여 날개가 꺾인 채 돌아와 밑바닥에서 이리저리 퍼덕이는 듯한 내 모습을 보고 친구는 아쉬움과 안타까움을 감추지 않았다. "옛날에는 참 품이 넓고 컸는데… 넓고 컸는데…."

고향에서 처음으로 여자인 내가 교사가 되었다고 무척 자랑스럽게 여기시던 어머니도 한순간에 나락으로 떨어져 할 일 없이 백수로 지내는 딸이 부끄러운지, 친척들이 찾아와도 나를 불러 인사시키지 않았다. 나는 있는 듯 없는 듯 그런 사람이었다. 어느새 이렇게 숨기고 싶은 창피한 딸이 되어 있었다. 어머니에게 내가 내세울 것 없는 자식이 되다니…. 간신히 지탱하고 있던 나의 마지막 자존심이 처참하게 무너져 내리고 있었다. 내 처지가 한심하고 기가 막혔다. 어쩌다가 내가 친지들 앞에 나서지도 못하는 처지가 되었을까? 어쩌다가 부모에게 숨기고 싶은 딸이 되었을까? 스스로 참담함을 느끼지 않을 수가 없었다. 그때 심경을 적어 둔 글귀 하나가 있다.

산기슭 가파른 절벽,
금방이라도 무너져 내릴 것 같은 나무뿌리에
간신히 매달려 있는 한 여인이 있다.

그 여인은
마지막 잎새처럼
허물어져 가는 벼랑 끝 나무뿌리에
사력을 다해 대롱 매달려 있다.

나무뿌리를 간신히 지탱하고 있는
흙더미가 점점 무너져 내리고
주위엔 아무도 없다.

"차라리 놓아 버려! 그래서 편히 쉬라."고
나는 외친다.

그동안 하느님 앞에서 간신히 의연한 척 기도하던 나의 마음도 흔들리며 처참하게 무너져 내리고 있었다. 그래서 하느님께 따지기 시작했다. 자기가 일을 저질러 놓고 만만한 부모 탓으로 돌리는 아이처럼, 나에게도 만만한 상대는 그분밖에 없었다. 어릴 때 그렇게 피아노를 배우라고 했는데도 싫다 해서 포기한 엄마에게, 다 커서는 "어린 내가 뭘 아냐? 때려서라도 가르쳤어야지." 하고 원망했다는 어느 딸처럼, 나도 "전능하신 분이라면서 이렇게 될 줄 다 아셨을 텐데, 그걸 말리지 그냥 허락하시는 분이 어디 있느냐?"고 따졌다.

그러던 어느 날 우연히 십자가 위의 그분을 보게 되었다. 처참한 몰골이었다. 그야말로 볼품없는 궁지에 몰린 얼굴! 누구라도 살면서 "저렇게만 되지 않으면 행복이다." 하고 스스로 위안받을 만큼의 처참한 모습이었다. 십자가에 매달려 천 조각 하나로 신체의 일부만 가린 채 수치스러운 모습으로 많은 이들의 조롱을 받았을 그분! 자신의 처지보다 사랑하는 어머니와 자신을 따르던 여인들의 마음을 생각하며 더 가슴 아파하셨을 그분! 그분을 생각하니 내 처지와 맞물리면서 눈물이 나왔다. 내 처지는 그분에 비하면 아무것도 아니었다. 갑자기 그분에 대한 연민의 정이 북받치면서 눈물이 뺨을 타고 흘러내렸다.

그분이 거기 계셨다. 하느님은 절망에 빠진 나를 위해 당신이 가장 사랑하시는 외아들을 나와 똑같은 모습, 아니 그보다 더 처참한 모습으로 보내시어 나의 고통과 함께하도록 하셨다. 예수님은 당신의 고통으로 나와 똑같이 되셔서 나를 위로하며 길을 안내하고 계셨다. 하느님은 천 길 웅덩이에 빠진 당신 자녀를 전지전능한 힘으로 위에서 끌어올리시는 분이 아니었다. 그분은 사랑하는 당신 아들을 직접 웅덩이까지 내려보내시어 거기서 빠져나가는 길을 가르치고 계셨다.

고향 집으로 들어가는 길 입구에 있는 언덕 한편으로 숲에 둘러싸인 조그만 개신교 교회가 하나 보인다. 초등학교에 입학하기 전에, 나는 성탄 때 친구를 따라 그 교회에 간 적이 있다. 그때는 예수님이 왠지 모르게 낯설고 무서운 분으로 느껴졌다. 그 후 교회를 다니지 않았다.

나에게 하느님은 언제나 개인적으로 친숙한 분이었지만, 예수님은 다소 낯설었다. 나는 하느님과 예수님을 함께 상상할 수가 없었다. 하느님은 보이지 않는 신비로운 분으로 전 우주를 내려다보시며, 내 소망을 말하기도 전에 다 아시고 들어주시는 전지전능하신 분이다. 그러나 예수님은 나에게 낯모르는 외국 남자에 불과했다. 그런 사람이 하느님의 아들이라니, 하느님과 똑같은 분이라니 믿을 수가 없었다.

그런데 그곳에서 하느님과 예수님은 한 분이었다. 하느님은 아드님인 예수님을 보내 당신 뜻을 이루게 하시고, 예수님은 아버지께서 명하신 일을 말없이 이루고 계셨다.

그분은 언제나 그곳에 계셨다. 그런데도 나는 그분을 십자 나무에 달린 조각품 정도로만 생각했을 뿐 알아보지 못하였다. 우리를 구원하기 위해 오셨다는 것도 알지 못했고, 이해하지 못했으며, 깨닫지 못했다. 그분은 늘 그 모습 그대로 그곳에 계셨는데, 나는 예전엔 몰랐던 진리를 지금에서야 뼛속 깊이 깨치고 있었다. 나의 마음에 변화가 생긴 것이었다. 변화는 밖에서 오는 것이 아니라 이렇듯 내면에서 오는가 보다.

> 우리 주 예수 그리스도 앞장서 가시니
> 세상을 구원하는 십자가 신비여
> 인간의 창조주가 사람이 되시어
> 십자가 그 형틀에 매달리셨도다.
>
> 주님은 우리 위해 십자가 위에서
> 인간의 온갖 조소 참아 받으시며
> 무참히 창에 찔린 주님 상처에서
> 쏟으신 물과 피로 우리 죄 씻었네.
>
> — 「가톨릭 성가」 119장

하느님은 당신 아들을 앞서 보내시어, 십자가에 달리는 가장 고통스런 순간에도 하늘나라에 대한 희망의 끈을 놓지 말라고 당부하셨다. 인간의 창조주가 인간에 의해 십자가에 매달렸던 그 기막힌 사실에 비하면, 별 볼일 없는 교사였던 내가 백수가 된 것이 그리 억울할 일도 아니었다. 하느님은 나락으로 빠지려는 나의 마음을 사랑하는 당신 아들의 고통을 통해 구원하셨다. 나는 하느님께 터무니없이 투정부리던 것을 거기에서 뚝 멈추었다.

> 예수님, 당신이 제게 오셨습니다. 처참한 몰골을 하고···. 당신은 절망에 빠져 신음하는 저에게 내려오시어 제 손을 잡으시고 함께 가자 하셨습니다. 네! 당신이 앞장서 가시니 따라나서겠습니다.

:: 세 걸음

함께 가는 길

구일신 일일신 우일신 苟日新 日日新 苟日新

세 번째 문이 열리고 있었다. 대안 학교의 꿈이 어려워지자 내 뜻대로 운영이 가능한 작은 학원을 열기로 했다. 수도자였던 사람이 이익을 내는 사업을 한다는 것이 마음에 걸렸지만, 기존 학원과 다르게 운영해 보리라 마음먹었다. 당시 학원가에서는 차량 운행이 필수였는데, 나는 하지 않기로 했다. 유명한 국문학자였던 양주동 박사가 '3인칭 단수라는 의미 하나를 알기 위해 십 리나 되는 눈길을 걸어갔다 왔다.'라고 쓴 글을 어디선가 읽은 적이 있었다. 그 일화가 그분의 삶에 얼마나 가슴 뿌듯한 체험이 되었을지 짐작이 갔다. 공부하는 데 있어서 강사의 열정도 중요하지만, 학생들도 스스로 약간의 불편함을 감수하면서 뭔가를 이루어 냈을 때 그 보람이 배가될 것이라고 생각했다.

교과 과정도 영어와 수학만 가르치는 단과 학원으로 운영하기로 했다. 내신 성적이 절대적인 우위를 차지하던 때라, 모든 과목을 다루는 종합 학원이 성행하던 시절이었다. 학생들은 일주일에 두 번만 학원에 나오도록 하고, 수강료도 다른 학원의 3분의 1 수준으로 책정했다. 학부모들의 허리가 휘지 않도록 저렴하면서도 양질의 교육을 제공하자는 생각이었다.

당시는 기존의 학원들도 문을 닫던 1998년 IMF 시기였다. 당연히 주위에서 모두 반대했다. 있는 학원도 안 되는 형편인데, 무슨 배짱으로 차량 운행도 안 하면서 많은 돈을 투자하느냐는 것이었다. 그러나 나는 걱정하지 않았다. 하느님의 백이 든든했는지, 한 명이라도 오면 가르치겠다고 생각했다. 때마침 1년째 임대가 되지 않는 셋째 형부의 건물이 있었다. 나는 보증금 없이 저렴하게 월세로 지불하기로 하고 인테리어를 시작했다.

학원을 하겠다고 했을 때, 언니가 해 준 이야기가 있다. 건물을 지어 놓았는데 세가 하도 안 나가서 뭘 아는 사람한테 어떻게 하면 좋을지 물어보았단다. 그랬더니 그 사람이 대야에 무엇을 태워 각 방마다 가져다 놓았다고 한다. 그런데 이상하게도 지금의 학원 자리에는 무섭다면서 안 들어갔다는 것이다. 언니는 "지금 생각해도 그게 참 이상해. 아마 하느님께서 네 학원 자리로 마련해 두셨나 보다."라고 했다. 하느님은 역시 자상하시다. 미리 자리를 마련해 놓고 예비해 두시다니.

겨울 방학에 맞추어 학원 문을 열었다. 여고에 근무하던 친구 장 선생이 선뜻 천만 원을 주며 보태 쓰라고 했다. 책걸상은 문 닫은 학원에서 중고가로 저렴하게 들여왔다. 본당 신부님과 수녀님들이 방문하여 축성해 주었다. 고등학교 은사님이었던 당시 모 중학교

채수천 교장 선생님도, 중국 은나라 탕왕의 글귀가 쓰인 달필의 커다란 액자를 선물로 가지고 오셔서 자리를 함께해 주셨다.

구일신 일일신 우일신苟日新 日日新 苟日新
진실로 새로워지려면 하루하루 새롭게 하고 또 새롭게 하라.

저보다 먼저 저의 길을 예비하신 주님! 찬미를 받으소서. 주님의 사람으로 거듭날 수 있도록 늘 깨우쳐 주십시오. 늘 당신의 기대에 못 미치는 저를 내치지 않으시고 항상 보살펴 주시는 나의 하느님! 감사드립니다.

그때서야 어머니의 깊은 사랑을 깨달을 수 있었다

학원을 하면서 아이들과 많은 시간을 함께하다 보니, 여전히 순진하고 사랑받아야 할 아이들임에도 달라진 면이 꽤 있었다. 세월의 흐름을 무시할 수 없으니, 모든 것이 바뀔 수밖에 없을지도 모른다. 요즘은 난개발로 1년만 지나도 산과 들, 강과 도로가 완전히 바뀌어 버리니 '10년이면 강산도 변한다'는 속담이 무색할 정도다. 10년을 1년으로 바꿔야 하지 않을까? 익숙했던 도시도 오랜만에 찾아가 보면 바뀐 곳이 많아서 길을 찾는 데 여러 번 애를 먹었다. 그러니 부모와 자녀 세대만큼이나 차이가 나는 1980년대 아이들과 2000년대 아이들이 어떻게 같을 수 있겠는가?

모든 것에는 장단점이 있기 마련이듯, 아이들의 변화에도 좋은 것과 나쁜 것이 함께했다. 예전의 아이들은 부모나 선생의 눈치를 보며 자라서 자기 의견을 제대로 표현하지 못했다. 타인에게 잘 보이기 위해 언제나 자신의 의견을 뒤로하고 눈치를 보며 주눅이 들어 있었다. 그러나 요즘 아이들은 눈치 보지 않고 당당해서 좋다. 모두들 뚜렷한 개성을 지니고 있으며 자존감도 대단하다. 누가 누구에게 기죽거나 주눅 드는 일이 없고, 잘하는 친구를 부러워하지도 않는다. 내가 안 해서 그렇지 마음만 먹으면 저 애보다 훨씬 더 잘할 수 있다고 생각한다. 자기만의 독특한 향기를 지닌 다채로운 꽃들로 자라고 있는 지금의 아이들이 나는 그래서 좋다.

예전에 학교에 있을 때는 주로 '공부하라'는 말을 아이들에게 많이 했던 것 같다. 농사짓기에 바쁜 시골 부모들은 학교에서 돌아오는 아이들을 밭으로 데리고 나가 농사일을 시키거나, 동생들을 돌보게 하거나, 밥을 해 놓게 하는 등 소소한 집안일을 많이 맡겼다. 이런 아이들에게는 '공부만 하라.'고 해도 행복한 상황이었다. 푸른 들판에서 소에게 풀을 뜯기며 단어장을 들고 영어 단어를 외우는 아이들의 모습도 심심치 않게 볼 수 있던 시절이었다. 아이들은 휴지를 버리지 않는 것은 물론 남이 버린 휴지를 줍는 것도 당연하게 여겼다. 친구가 아프면 안쓰러워하며 교사에게 알리거나 어려운 친구를 도우려 했다. 남의 물건과 내 물건을 명확히 구별하여, 적어도 남의 것을 슬쩍 가져다 쓰는 행동은 하지 않았다.

그런데 요즘은 집안일은 말할 것도 없고, 자기를 위한 가장 기본적인 일도 하지 못하는 경우가 있어 안타깝다. 한번은 수업 시간보다 일찍 온 중학교 3학년생이 있어서 칼을 주며 사과를 깎아 먹으라고 한 다음, 할 일을 하고 있었다. 그런데 일을 마친 후 학생에게 가 보니 과일이 껍질째 그대로 놓여 있는 것이었다. 사과가 싫으냐며 접시를 치우려는데, 그 학생이 "사과 깎을 줄 몰라요." 하고 말했다. 나는 충격을 받았다. 중학교 3학년생이 사과도 깎을 줄 모르다니….

 아이들이 나빠서가 아니다. 그저 배우지 못했을 뿐이다. 가정에서도, 학교에서도, 사회에서도 그들에게 인간의 기본적인 생활을 가르쳐 주는 어른이 없었다. 그래서 그들은 우유를 먹고도 책상이면 책상, 의자면 의자 등 그 자리에 그대로 놓아둔다. 치우는 사람이 따로 있는 것이다. 먹고 난 껌 종이나 과자 봉지 등도 아무렇지 않게 계단이나 교실 바닥에 버린다. 치우는 사람이 따로 있다고 생각하니까.

 본능적으로 쉴 때 쉬고 먹을 때 먹는 동물들과 달리, 인간은 말과 행동으로 배워서 익혀야 습득이 되고 실천하게 된다. 일차적으로는 가정에서 모든 것을 부모가 대신 해 주고 아이에게는 공부만 시킨 결과라 생각되었다. 소소한 집안일들은 모두 할아버지, 할머니, 아빠, 엄마가 대신 해 주었기 때문에 아이들은 사회에서도 다른 사람이 대신 해 주는 것을 당연하게 여긴다. 이러한 환경에서 자란 학생들은 학교에서도, 직장에서도, 결혼 생활에서도 배운 그대로 행동할 것이다. 부모야 자녀가 예쁘니까 무엇을 해 주어도 상관없지만, 직장 동료는 그렇지 않다. 또한 배우자 역시 부모처럼 무조건 희생할 리 없으니 문제가 된다. 나는 예전 학교에 있을 때처럼 학생들에게 이런 얘기를 자주 해 주었다.

> 한 어머니가 신체에 장애가 있는 자식과 살고 있었어. 그런데 어머니는 불쌍한 자식에게 기본적인 것 외에는 장애인이라고 특별히 해 주는 것이 없었단다. 몸이 불편한 자식에게 옷도 입혀 주지 않았고 밥도 먹여 주지 않았지. 나중에는 밥도 잘 해 주지 않았어. 자식은 의붓어머니가 아닐까 생각하며 마음속에 원망과 미움을 키워 갔단다. 그런데 어머니가 갑자기 돌아가시고 말았어. 자식은 그때서야 어머니의 깊은 사랑을 깨달을 수 있었지. 자식은 어머니가 돌아가시고 나서도 큰 불편 없이 생활할 수 있었어. 어머니는 불쌍한 자식이 혼자 남겨져도 뭐든 스스로 해낼 수 있도록 만들기 위해, 그토록 모진 마음을 먹고 자식을 혹독하게 훈련시켰던 거란다.

어디선가 읽은 감동적인 내용이기에 지금까지 기억하고 있다. 진정한 사랑이 무엇인지 생각해 보게 만드는 얘기였다.

요즘 학교나 사회에서 아이들의 좋지 않은 행동을 보고도 짚어 주는 어른이 드물어 아쉽다. 나 역시 학원을 나와 길에서 만나는 아이들에게 올바르게 가르치지 못하는 어른 가운데 하나이다. 보복당할까 두려워 그냥 피하고 만다. 요즘 지하철이나 공공장소에서 어이없는 모습을 보여 주는 젊은이들이 많다. 폭행남, 막말녀 등 무수하게 만들어진 신조어에서 알 수 있듯이, 호의적인 태도 앞에서도 곱지 못한데 자신에게 뭔가를 가르치려 드는 사람한테 어떻게 나올지 생각하면 아찔하다. 그래서 그냥 지나친다. 이렇게 무방비 상태에서 무관심으로 방치되는 아이들도 불행하기는 마찬가지일 것이다.

　밖에서 비겁하게 입을 다물고 있는 나는, 요즘 학원 아이들에게 공부보다 기본적인 공중도덕을 더 열심히 가르친다. 학원에 온 이유가 성적 때문이니 공부에 더 신경을 써야 하는데 그럴 수가 없다. 가령, 물건을 잃어버리면 부모로부터 꾸중을 듣던 예전 학생들과 달리, 요즘 학생들은 비 올 때 쓰고 온 우산을 비가 그치면 그냥 놓고 가 버린다. 잃어버려도 괜찮은가 보다. 예전엔 5리 길을 돌아가서라도 어떻게든 찾아왔는데 말이다. 모든 것이 너무 풍부해서 그런 것 같다. 우산은 집에도 여러 개 있으니까, 없어지면 또 사면 그만이니까.

　나는 우유나 간식을 먹는 아이들도 유심히 살피는 편이다. 아이들은 그런 내 모습을 보며 먹던 과자를 건네준다. 내가 먹고 싶어서 쳐다보는 줄 알았나 보다. 삐져나오는 웃음을 속으로 삼키며, 나는 엄한 표정으로 아이들이 뒷정리를 어떻게 하는지 꼼꼼히 지켜본다. 혹 한눈을 판 사이에 아이들이 무심하게 쓰레기를 치우지 않고 가 버리면 그대로 두었다가 다음 날 직접 불러서 치우라고 한다. 그것이 사랑받는 남편, 사랑받는 아내가 되는 지름길이라고 말하면 아이들은 피식 웃으며 스스로 치운다.

나는 잔소리를 많이 하는 편이다. "휴지 버리지 마라, 먹고 난 후 뒷정리는 스스로 해라, 껌을 함부로 아무 곳에나 버리지 마라, 자기 물건은 스스로 챙겨라." 아이들은 교실에 떨어진 휴지를 주우라고 하면 너무나 억울하다는 듯 눈을 동그랗게 뜨고 자기가 그런 것이 아니라며 우긴다. 남이 버린 휴지를 절대로 내가 주우면 안 된다는 나름의 철칙을 세워놓은 듯하다. 나는 끝까지 거부하는 아이에겐 학교처럼 꼭 다녀야 하는 곳이 아니니 그럴 거면 그만두라며 엄포를 놓기까지 한다. 교육은 어느 한 곳에서만 국한될 수 없는 통합적인 과정이기 때문이다. 사실 어디서부터 어떻게 가르쳐야 할지 막막하기만 하다. 그래도 사랑하는 아이들을 포기할 수는 없다. 앞으로 이 나라를 이끌어 갈 미래의 꿈나무들이기에.

아이들이 꼭 해야 할 일이나 겪어야 할 고통을 대신 해 주었을 때 어떤 결과가 나타날까? 우리는 곤충학자 찰스 코우만 여사가 작은 고치 구멍을 통해 나오는 나비의 모습을 1년간 관찰한 이야기에서 유추해 볼 수 있다. 연약한 나비가 작은 고치 구멍을 통해 나오려고 몸부림치며 안간힘을 쓰고 있었다. 이를 본 코우만 여사는 불쌍하게 생각하여 가위로 고치 구멍을 넓혀 나비가 쉽게 나오도록 해 주었다. 하지만 그렇게 도움을 받아 세상 밖으로 나온 나비는 멀리 날아가지 못하고 비실대다가 얼마 후 죽고 말았다. 그런데 온전히 스스로 안간힘을 쓰며 작은 고치 구멍을 빠져나온 나비는 힘차게 날갯짓을 하면서 멀리 날아갔다. 예쁘고 연약한 아이들을 위한 호의와 친절, 무분별한 사랑이 그들의 장래에 얼마나 치명적인 영향을 끼치는지 깊이 생각해 보았으면 좋겠다.

아이들 문제를 이야기할 때 가장 먼저 생각해야 할 것은, 아이들에게 진정 무엇이 유익한 일인가 하는 것이다. 요즘 모든 것을 남 탓으로 떠넘기는 경향이 좀 아쉽다. 남 탓만 하면 자신이 반성할 기회를 잃어버리게 된다. 당장의 뼈아픈 고통은 피할 수 있겠지만, 스스로 시련을 이겨 낸 나비와 같은 강력한 생명력을 발휘할 수는 없을 것이다. 아이들이 친구와 싸우거나 교사에게 야단을 맞았다고 하면, 먼저 문제가 무엇인지 생각해 보고 올바르게 고치도록 노력하는 태도를 보여야 한다. 그래야 아이들도 바르게 자라서 이 나라의 큰 기둥 역할을 할 것이라 믿는다.

아이들이 가끔 "왜 쟤한테는 그렇게 하고, 저한테는 이렇게 하느냐?"며 불만을 터뜨리곤 한다. 그럴 때마다 나는 "의사는 모든 환자를 똑같은 방식으로 치료하지 않는다. 어떤 질병에 걸렸느냐에 따라 치료법과 처방도 달라진다. 나도 마찬가지다."라고 말해 준다. 타인의 잘못을 지적하기에 앞서 자신부터 살피는 분위기가 조성되면 좋을 것 같다.

사랑하는 주님, 진정 무엇이 자라나는 청소년을 위한 사랑인지 돌아봐야 할 때인 것 같습니다. '세 살 적 버릇이 여든까지 간다.'는 말이 있듯, 나중에 크면 자연히 다 하게 되리라는 나태한 생각을 버리고, 미래의 꿈나무를 잘 가르쳐서 쓸모 있는 사람들로 자라게 할 책임이 우리 모두에게 있다는 것을 깨닫게 해 주십시오.

양날의 칼

나는 예전엔 학교에서, 지금은 학원에서 아이들을 가르치고 있다. 학교와 학원은 서로 양날의 칼과 같은 장단점을 지니고 있다. 가르치는 사람과 배우는 사람의 만남이지만, 그 내용은 다르다. 학교는 우연히 맺어진 인연의 끈끈한 관계라면, 학원은 인위적으로 맺어진 사무적 관계라 할 수 있다. 학교에서 스승과 제자의 관계는 부모와 자식 사이의 천륜처럼, 서로 원해서가 아니라 인연에 의해서 이루어진 관계라고 볼 수 있다. 그러나 학원은 조금 다르다. 학원이 학생을 임의대로 선정할 수도 있고, 학생도 학원을 마음대로 선택할 수 있다. 한마디로 수요와 공급의 관계인 것이다. 그래서 학교에서 이루어지는 스승과 제자의 만남은 졸업 후에도 이어질 수 있지만, 학원에서의 만남은 계약 기간만 끝나면 생면부지의 남남이 될 수 있다.

그런데 수업의 운영 과정에서는 학원이 많은 장점을 가지고 있다. 학교 수업은 시간이 정해져 있고 시작과 끝이 일률적인 편이다. 다른 과목의 수업들이 얹이어 있기 때문에 시간상 모든 학생들을 개별적으로 평가하기가 쉽지 않다. 또한 수준이 천차만별인 학생들에게 맞춤식 수업을 해 주기도 어렵다. 나는 학원을 운영하면서 모든 학생들이 학습 목표를 이룰 때까지 수업이 끝나도 한 시간이고 두 시간이고 집에 보내지 않았다. 그날 배운 내용을 일일이 구두로 평가하였고, 학생들은 합격점을 받아야 집에 갈 수 있었다. 수업 시간이 50분이 아니고 100분이어서 가능한 일이었다.

한번은 중학교 3학년생인데, 정말 영어의 ABC도 모르는 학생이 왔다. 초등학교 3학년부터 학교에서 영어를 배우는데 이런 학생들이 의외로 많다는 사실이 놀라웠다. 지능의 문제가 아니고 공부를 어디서부터 어떻게 시작해야 하는지 방법을 모르는 것 같았다. 영어 사전을 찾으라고 하면 무조건 모르겠다면서 멀뚱멀뚱 앉아서 시간을 보내기 일쑤였다. 나는 영어 사전을 찾는 법부터 가르쳤다. 그 학생은 정규 수업 시간에서 2시간 30분을 넘기고서야 집으로 돌아갈 수 있었다. 물론 다른 수업이 있었지만 중간중간 잠깐씩 나와서 점검했다. 그리고 모든 수업이 끝나고 다른 학생들이 다 귀가한 후에도 단둘이 남아 끝까지 공부를 시켰더니, 학부모들은 보내고 싶어 하는데 학생들은 오기 싫어하는 학원이 되었다.

어떤 학생은 수업이 끝나도 안 보내 주니 벽에다 '이 학원은 한번 들어오면 마음대로 나갈 수 없는 감옥'이라고 써 놓았다. 그 낙서를 보고 상당히 충격을 받았지만, 몇몇 학생 때문에 학원의 방침을 바꿀 수는 없었다. 모든 것에는 양날의 칼과 같은 장단점이 있는 법이니까. 사실 정규 시간만 끝나면 아이들을 일찍 집으로 돌려보내고 싶다. 나도 집에 가서 쉴 수 있으니까. 그런데 실력이 부족해서 오는 아이들을 수업이 끝났다고 그냥 집으로 보내면, 그들은 어디 가서 어떻게 보충을 받을 수 있겠는가? 그래서 늦게까지 붙들고 있는 것이다.

나는 아이들에게 학원이 힘들면 언제든지 말하라고 일러 준다. 부모님을 잘 설득하여 다른 학원으로 보내 주겠다고 말이다. 학교야 싫어도 다녀야 하지만, 학원은 자유롭게 선택할 수 있지 않은가? 공부하기 싫은데 부모 때문에 억지로 다니게 되면 가르치는 사람도, 배우는 사람도 모두 힘들어진다. 시간과 돈만 낭비할 뿐, 학습 효과도 거두기 어렵다. 이런 학생은 얼마간 지켜보다가 집으로 돌려보내는 편이다. 미안한 마음이 들지만, 서로를 위한 최선의 선택이었다고 생각한다. 나는 사업가가 아닌, 어쩔 수 없는 선생이었다.

하지만 대부분의 아이들은 집에 빨리 가기 위해서라도 그날그날 열심히 배우고 익히려고 노력하였다. 그렇게 배운 것을 놓치지 않으니 당연히 하나하나 쌓여서 실력이 되었다. 또한 학년에 상관없이 소정의 과정이 끝나면 시험을 거쳐 다음 과정으로 진급할 수 있었다. 그러다 보니 중학교 1학년생이 고등학교 2학년생과 함께 수업을 듣는 일도 있었다. 문제가 생기지 않을까 걱정했는데, 오히려 고등학교 2학년생이 중학교 1학년생에게 모르는 것을 묻는 모습을 보고 걱정은 접어 두기로 했다. 학년의 구별이 없는 수준별 수업이기 때문에 가르치기도 용이하고, 배우는 입장에서도 수업의 질에 만족하는 장점이 있다. 한편, 진심은 통하는지 내 마음을 알아주는 아이들도 나타났다. 타지의 학교로 진학하면서 감사의 편지를 전하는 아이들 덕분에 힘이 난다.

원장님께♡

이제 곧 고등학교에 입학하는 터라 준비해야 할 것도, 이것저것 계획해야 할 것도 너무 많아서 반년 동안 다닌 학원을 더는 못 다닐 것 같아요.ㅠㅠ 정도 많이 들었는데…. 가끔씩 선생님과 제가 핸드폰으로 찍은 사진을 구경하며 이런저런 이야기를 나누던 모습이 생생하네요. 선생님을 비롯하여 이곳의 모든 친구들과 헤어질 생각을 하니 슬퍼져요. ㅠ-ㅠ

처음엔 제가 과연 이 학원에 다니며 잘 해낼 수 있을지 자신이 없었어요. 하지만 영어 실력이 많이 향상된 것 같아요. 2학기 때 영어 점수가 대체로 많이 오른 것 같아 기분이 너무 좋았어요.

— 눈도 안 녹고 추운 날 도서관에서 선생님을 무~척 사랑하는 H 올림♡

사랑하는 선생님께!

가끔 선생님이 떠오르면 저도 모르게 미소를 짓습니다. 선생님은 제 마음속에 '한결같이 곱고 활짝 웃는 모습으로' 새겨져 있거든요.

중학교 때 선생님께 영어도 정말 많이 배웠지만, 사실은 스승에 대한 감사와 엄마같이 느껴지는 따뜻한 정 등 표현할 수 없는 여러 가지를 더 많이 배운 것 같아요.

선생님, 올해 수능 끝나면 맛있는 것 들고 찾아뵐게요. 선생님을 생각하면 조금 특별한 애틋함(?)이랄까. 그런 게 느껴져요. 아마 자주 뵙진 못하지만, 성당에서 마주칠 때마다 보내 주시는 선생님의 응원의 눈빛과 미소가 저에게 큰 힘이 되고 있다는 증거일 거예요. 항상 건강하세요. ♡

– 제자 Y 올림

중학교 3학년 때 담임이셨던 최현희 선생님!!!

선생님은 늘 제자들에게 그립고 사랑이 넘쳤던 분. 카리스마 있으면서 열정적이었던 분이셨지요. 시골의 자연에서 자라서 그러신지, 순수하고 소녀다운 감정도 풍부했던 분이셨습니다. 이런 분이 화가 나면 회초리로 엄하게 훈계하시기도 했습니다. 옳고 그름이 분명해서 옳지 않은 행동은 꼭 고쳐 주셨지요. 그래서 우리 반은 공부도 늘 일등이었고, 선생님과의 추억도 많답니다. 지금까지도 반창회를 통해 스승님과의 인연을 이어 가고 있지요. 저는 학생들을 그토록 열정적으로 가르치는 선생님을 한 번도 만나 본 적이 없었습니다. 선생님! 15년 전에 수녀원을 나오셔서 학원을 하신다는 얘기를 듣고 두 아이와 함께 학원 문을 두드렸던 기억이 납니다. 말썽꾸러기 두 아들을 기꺼이 봐주시고 피붙이마냥 예뻐해 주셨지요. 그 후 두 아들도 선생님께 영어를 배웠지요. 선생님의 열정이 디딤돌이 되어 공부를 더욱 잘하게 된 것 같습니다. 올해 아들이 원하는 대학에 들어갔습니다. 아들의 대학 합격에 감사해서 식사라도 한 끼 대접하고 싶습니다.

— 제자 J 올림

학원은 수요와 공급의 관계라 필요하지 않으면 대부분 연락도 없이 그만두는 경우가 많다. 단 1년 동안 사제지간으로 만난 관계가 30년 이상 지속될 수 있는 학교와 달리, 학원에서는 길게는 5~6년씩 가르침을 받고도 하루아침에 연락이 두절된다. 사실 길에서 우연히 만나도 인사하는 학생이 거의 없다. 그런데 간혹 이렇듯 정성스런 편지로 감사를 남기고 가는 학생이 있어 희망을 거는 것이다.

'가는 사람도 막지 않고 오는 사람도 막지 않는다.'는 생각으로 하느님 백만 믿고 봉사하는 마음으로 일하고 있다. 수도회에서 청빈 생활을 이미 익혔기에 최소한의 경비를 제외하고 없으면 안 쓰는 것도 그리 불편하지 않다. 그래서 한때 10년 이상 개원하게 되면 전액 무료로 강의해 주는 방안도 고려했다. 그러나 지금도 수강료가 저렴한 만큼 수업의 질에 문제가 있지 않을까 하는 오해를 받고 있는 상황이다 보니, 수강료 전액 무료는 그리 도움이 되지 않을 거라고 판단되어 접어 두었다. 학생 입장에서도 공짜니까 다른 일이 생기면 쉽게 수업에 빠지고 소홀해질 것이 분명하다. 지금은 수강료를 그대로 유지하면서 방학 특강을 무료로 운영하고 있다.

> 하느님! 모든 일에는 양면의 칼날과 같은 장단점이 있습니다. 좋은 것도 나쁘게 사용하면 나쁜 것이 되고, 나쁜 것도 좋게 사용하면 좋은 것이 되지요. 세상에는 다양한 사람들만큼이나 다양한 체제들이 존재합니다. 어떤 체제가 누구에게는 좋지만, 누구에게는 좋지 않을 수도 있습니다. 자신에게 맞는 생활 양식과 교육 방식을 찾는 것이 중요할 것입니다. 다양성 가운데 모든 일이 조화를 이루어 나가는 것이 최선의 지혜가 아닐까요? 저도 이 점을 늘 명심하도록 이끌어 주십시오.

아무것도 하지 말고 가만히 계시라

어릴 때부터 형제가 많은 우리 집에는 각자 맡은 역할이 있었다. 큰언니는 어머니와 부엌에서 밥을 하고, 작은언니는 마당을 쓸고, 셋째 언니는 대청마루를 닦고, 넷째인 나는 안방을 닦고, 여동생은 작은방을 청소했다. 그러다가 한 형제가 아프면 그 구역을 대신해 주기도 하고, 자기 청소가 다 끝나면 다른 형제의 청소를 함께 거들어 주기도 했다. 이렇듯 우리는 가족 구성원으로서, 자녀로서, 형제자매로서 맡은 역할을 다하면서 협동과 사랑을 자연스럽게 배워 갔다.

사람들에게는 저마다 주어진 역할이라는 것이 있다. 한 나라에서 정치인, 종교인, 교육자, 기업인, 농부 등도 자기만의 역할이 있듯이, 가정에서도 아버지와 어머니와 자녀들의 역할이 따로 있다. 자녀들도 자식, 손자손녀, 형제자매, 학생, 제자, 친구 등 다양한 역할을 맡으면서 살아간다. 인간은 자기 자리에서 맡은 역할에 충실할 때 삶의 보람과 행복을 느낀다.

건강한 교우 관계를 맺지 못하는 청소년들이 날로 늘어나고 있다. 부모의 품을 벗어나 교우 관계가 삶에서 중요해지는 청소년기에, 친구와의 갈등은 삶을 극단적으로 몰아가는 주요한 요인이 되기도 한다. 2011년 12월 2일, 대전의 한 아파트에서 집단 따돌림으로 고통 받은 여고생이 투신하여 열일곱이라는 꽃다운 나이에 생을 마감하였다. 그리고 그 학생을 지켜 주지 못했다는 자괴감에 친구 역시 이듬해 아파트에서 뛰어내려 숨을 거두었다. 2011년 12월 26일에는 대구의 한 남자 중학생이 같은 반 아이들로부터 괴롭힘을 당하다 못해 열네 살에 생을 마치고 말았다.

교우 관계뿐만 아니라 학생들의 학업 스트레스도 만만치 않다. 2011년 11월에는 고3 수험생이 '전국 1등'을 강요하는 어머니를 흉기로 찔러 숨지게 했다. 같은 해 12월에는 고등학교 1학년생이 기말고사를 앞두고 집 근처 아파트에서 뛰어내렸고, 2012년 2월 14일에도 고등학교 1학년생이 "공부가 어렵다. 학원 다니기가 힘들다."는 글을 남기고 스스로 몸을 던졌다.

스승과 제자 사이도 원만하지 못한 형편이다. 서울 한 고교의 L교사는 학교 폭력 사건을 해결하려다 학부모로부터 고소를 당했다. 하지 않은 일까지 진술하도록 강요해 아이가 피해를 입었다는 것이다. 특성화고 J교사도 학생을 폭행했다는 이유로 고소를 당했다. J교사는 그 충격으로 명예퇴직까지 생각했다고 한다. P교사는 B양이 조별 과제를 하지 않아 따로 불러내서 "왜 과제를 하지 않느냐?"고 물었다. 그러자 B양은 "네가 선생이냐?"며 발길질을 했다고 한다.

"군사부일체君師父一體, 스승의 그림자는 밟지도 않는다."고 했는데 우리의 교육 현장이 어쩌다 이 지경까지 갔을까? 이는 모두 역할의 부재에서 비롯되지 않았나 싶다. 오늘날 청소년들의 역할은 '학생'뿐이다. 다른 역할에서는 모두 퇴출되었다. 한 집안의 자녀로서 자기 방은 물론 가끔 부모님 방도 청소해 드리면서 오는 효도의 기쁨도, 조부모의 흰머리를 뽑아 드리고 어깨와 다리를 주물러 드리면서 느끼는 손자손녀로서의 뿌듯한 기쁨도 느끼기 어렵다. 형제들이 서로 도우면서 느끼는 끈끈한 우애도, 제자 역할에 충실했을 때 느껴지는 스승에 대한 존경과 감사도 사라졌다. 모든 역할을 다하면서 서로 간에 생길 수 있는 사랑, 기쁨, 평화, 인내, 호의, 신의, 성실, 온유, 절제 등 성령 칠은의 열매가 마음 밭에서 자랄 수 없게 되었다.

학생 이외의 역할에서 배제된 아이의 마음 밭에는 성령 칠은과 반대되는 미움, 슬픔, 혼동, 변덕, 악의, 불신, 불성실, 격함, 부절제의 씨앗이 자라고 있다. 그래서 요즘 청소년들은 행복하지 않다. 행복할 기회를 잃어버렸다. 가정에서도, 학교에서도 불만이 가득 차서 사소한 일에도 폭언을 내뱉고 폭력을 쓴다. 공기가 가득 찬 풍선에서 바람이 빠지듯, 청소년들은 그런 식으로 자기 스트레스를 표출하는 것이다. 그렇게 해서라도 살고 싶어서…. 폭언과 폭행으로도 불만을 표출하지 못하는 극한 상황에 처해 있는 청소년들은 풍선이 한 번에 빵 터지듯, 자살이라는 막다른 선택을 하기도 한다.

연세가 많으신 할머니들에게 "아무것도 하지 말고 가만히 계시라."고 하면 "나 보고 죽으라는 소리냐?"며 화를 내신다. 청소년들도 마찬가지다. 아무것도 하지 말고 공부만 하라니, 화가 나지 않겠는가? 공부는 청소년들의 여러 가지 역할 가운데 하나일 뿐, 전부가 아님을 마음에 새기면 좋을 것 같다. 청소년들에게 어릴 때부터 손자손녀로서, 자식으로서, 친구로서, 제자로서, 이웃으로서의 역할도 공부하는 학생의 역할만큼이나 중요하다는 사실을 일깨워 주었으면 좋겠다. 그리고 맡은 역할에 충실했을 때 오는 기쁨과 행복을 맛보도록 해 주어야 하지 않을까. 그동안 아이들에게 학생의 역할은 '공부'라고 억지를 부려 온 나도 죄를 많이 지었다. 용서해 주시길.

> 사랑하는 하느님. 서로의 관계를 통해 우리는 사랑과 기쁨과 행복을 느끼고 배웁니다. 오늘날 청소년들이 행복하지 않은 데는 어른들의 잘못이 큽니다. 죄송합니다. 당신의 사랑과 은총이 많이 필요한 때입니다. 저희에 대한 사랑의 끈을 놓지 마시고 늘 함께해 주십시오.

벽돌 하나 더 올려놓다

'아는 만큼 가르친다.'는 말이 있듯이, 아이들을 가르치면서 나도 안주하지 말고 끊임없이 배워야겠다는 생각을 했다. 아이들의 능력은 마치 스펀지와 같아서, 1년 만에 중3 과정을 마치고 고등부 과정으로 들어가는 아이도 있었다. 그런 아이들이 영문 소설도 제대로 읽을 수 있도록 하고 싶다는 생각에 박사 과정을 시작했다.

석사 과정에서 지도받았던 김현숙 교수님을 꼭 10년 만에 찾아뵈었다. 일반 매체에서 회자되는 논문 한 번 읽어 주는 데 기백만 원이라는 말을 무색케 하는 교수님은 정의감 넘치고 단백하며 야무진 분이다. 그간 아무런 소식도 없다가 갑자기 찾아온 제자를 반갑게 맞아 주셨다. 학과 교수님들도 10년 전과 거의 같아서 적응하는 데 큰 문제가 없었다. 학원을 쉬는 날인 수요일에 수업을 몰아서 들을 수 있도록 많이 배려해 주셨다.

교수님들은 박사 학위라는 것이 기존의 학설에 벽돌 하나 더 쌓아 놓는 것이라고 말씀하셨다. 많이 연구되어 있는 분야보다는 불모지나 다름없는 분야를 개척하는 편이 좋을 것 같아 한국계 미국 청소년 문학을 연구해 보기로 했다. 한국에서 '아시아계 미국 문학'

에 대한 관심은 1990년 초부터 나타나기 시작했다. 그 연구 결과가 1994년 전문 학술지에 등장하면서 현재까지 한국계 미국 문학을 중심으로 괄목할 만한 성과가 있었다. 그러나 '한국계 미국 청소년 문학의 연구'는 여러 면에서 주변부에 위치한 때문인지 지극히 미비한 상태였다. 학술지를 통해서 한국계 미국 청소년 작가의 작품이 부분적으로 소개된 바 있지만, 본격적으로 연구한 석·박사 논문은 없는 실정이었다.

한국에서도 다문화에 대한 관심이 고조되는 가운데, 박사 논문 주제를 '한국계 미국 청소년 소설 연구: 다문화 문학 미국에서 주류를 이루는 앵글로·색슨 문학을 제외한 소수 인종의 문학에 나타난 통합과 저항의 정치성'으로 잡았다. 미국으로 이민을 갔거나, 교포 2·3세로 태어난 한국계 미국 청소년들은 소수 인종으로 살아가면서 이런저런 이유로 인종 차별을 경험한다. 유럽인들이 영어를 완벽하게 구사하기만 하면 쉽게 주류 사회에 편입되는 것과 달리, 아시아인들은 그곳에서 태어나고 자랐음에도 불구하고 동양적인 외모 때문에 "어느 나라에서 왔느냐?"는 질문을 지속적으로 받는다. 이로 인해 한국계 미국 청소년들은 심각한 정체성의 혼란을 겪게 된다. 한국계 미국 청소년 문학은 미국에서 소수 인종으로 살아가면서 겪었던 한국계 미국 청소년들의 고통과 애환을 묘사하고 있다.

나는 한국계 미국 청소년 문학의 연구를 통해 그들이 느꼈던 고통과 좌절을 간접적으로 체험함으로써, 한국에서 소수 인종으로 살아가는 다문화 청소년들의 고통을 반추해 보는 기회를 다른 사람들과 함께 나누고 싶었다. 한국 내 소수 인종으로 살아가는 다문화 청소년들을 이해할 수 있는 다문화 교육은 이미 그 첫걸음을 내디뎠다. 각 학교를 중심으로 다른 나라의 전통 음식이나 의상, 전통 놀이 등을 체험해 봄으로써 그 나라의 문화를 엿볼 수 있는 기회를 학생들에게 제공하고 있다. 다행스런 일이다. 이는 다문화 문학과 더불어 다문화에 대한 이해의 폭을 넓혀 줌으로써 '다름'에서 오는, 미래에 일어날지도 모르는 갈등과 불화를 예방할 수 있는 기반이 되리라 믿는다.

  나는 마흔이 훌쩍 넘은 나이에 박사 과정을 시작했다. 박사 학위는 타인이 배포하는 담론에 의존하지 않고 자신만의 주관적인 학설을 정립할 수 있다는 점에서 많은 정신적 이점을 주었다. 선배들은 늦은 나이에 논문을 쓰고 나면 여러 가지 부작용이 생긴다고 했다. 어떤 이는 머리가 허옇게 세고, 어떤 이는 이가 다 빠지며, 심지어 죽기까지 한다고 지레 겁을 주었다. 물론 박사 과정이 쉬운 것은 아니다. 학생들 스스로 발표하는 방식으로 수업이 진행되므로 과제를 해 오지 않으면 수업이 이루어질 수 없는 경우가 많다. 과목별 과제 분량도 일주일에 소화하기 버거울 만큼 많은데, 어떤 학기에는 전공 3과목을 수강하여 9학점을 취득해야 했다. 새벽까지 잠을 설쳐 가며 과제를 하고, 왕복 4시간 되는 거리를 오가는 버스 안에서도 과제물을 점검해 가며 열정적으로 보냈던 지난날이 새롭다. 힘들었지만, 보람 있는 과정이었다. 꿈이 이루어지기를 마음으로 바라기만 했다면, 꿈은 꿈으로 끝났을 것이다. 꿈을 행동으로 옮기니, 그것은 현실이 되었다. 한국계 미국 청소년 문학이 더 발전하기 위해서, 국내에서도 더욱 활발한 연구가 이루어지도록 견인차 역할을 해야겠다는 생각에 조그만 벽돌 하나를 올려놓았다.

> 사랑하는 하느님! 소정의 과정을 무사히 마칠 수 있는 은총을 허락해 주심에 깊이 감사드립니다. 사람이 무엇을 할 때 건강만 허락된다면 늦은 나이란 없는 것 같습니다. 제게 소중한 연구 기회를 주셔서 감사드립니다.

요코 이야기

 반목과 갈등 같은 부정적 감정들은 사람의 마음을 피폐하게 만든다. 미래를 이끌어 갈 청소년들의 마음 밭에 어떤 씨가 뿌려지는지 주목하는 일은 그래서 중요하다. 청소년들이 어떤 내용의 글을 접하고 있는지, 어떤 교육을 직간접적으로 받고 자라는지 살펴보아야 하는 이유가 바로 여기에 있다.

 국내에서 크게 화제를 모았던 일본계 미국 작가 요코 가와시마 왓킨스Yoko Kawashima Watkins의 소설「요코 이야기So Far From the Bamboo Grove」(1986)는, 일제 강점기 35년 동안 일본인의 만행으로 한국인이 겪었던 고통은 전혀 언급하지 않은 채 한국인을 강간범이나 학살자로 부각시키면서 피해자를 가해자로 둔갑시켰다는 평을 받았다.

 그런데 이 소설이 다문화 문학 과정에서 미국 초·중교 교재로 20년 이상 아무런 비평 없이 사용되어 왔다는 사실은 내게 큰 충격으로 다가왔다. 한국인과 한국 역사에 대해 왜곡된 사실이 유포됨으로써 예상되는 피해는 상당할 것이다. 이 수업을 거부했던 학생의 어머니도 그 수업을 들은 미국 학생의 학부모로부터 이런 말을 들었다고 했다. "우리 애가 이 책을 배우고 와서 제2차 세계 대전

때 일본에 원자 폭탄을 떨어뜨린 미국도 나쁘고, 공산당인 중국도 나쁜데, 특히 한국이 제일 나쁘다고 하더라."2005년 1월 15일 자 《연합뉴스》 또 다른 미국 학생은 한국인 친구에게 "한국인은 어째서 일본인을 괴롭혔느냐?"고 물었다고 전해진다. 심지어 동아시아의 문화와 역사를 접해 보지 못한 상태에서 이 책만으로 한국인과 한국의 역사를 알게 되는 학생 가운데는 제2차 세계 대전의 가해자로 '독일과 한국'을 드는 이들마저 있다고 했다2005년 1월 15일 자 《연합뉴스》. 또한 "이 책이 한국인을 잔인하고 냉정하게 그렸기 때문에 한인 학생들 입장에서는 인종적 차별과 정신적 충격으로 자괴감마저 느끼며 한국인이라는 정체성을 부정할 우려"까지 제기되고 있었다2005년 1월 17일 자 《한국일보》.

한국에 대한 잘못된 정보를 바로잡아서 재창조해야 할 사람들은 다른 나라 사람들이 아닌 바로 우리 자신들이다. 일본계 미국인 요코 가와시마 왓킨스의 「요코 이야기」에 나타난 그릇된 시각을 수정할 수 있는 대응 담론으로, 한국계 미국 청소년 문학 작가 최숙렬의 「떠나보낼 수 없는 세월The years of Impossible goodbye」(1991)이 거론되는 이유도 바로 여기에 있다.

「떠나보낼 수 없는 세월」과 「요코 이야기」는 작품이 쓰인 시기나 배경, 주제 등에서 상당한 공통점을 지니고 있다. 두 작품은 모두 1945년에 쓰였고, 십대 소녀의 시각이 담긴 자전적 소설이며, 북한을 배경으로 남하하는 과정을 담고 있다.

그러나 두 소설은 한국인과 일본인이라는 입장 차이만큼이나 상반된 시각을 보이고 있다. 「떠나보낼 수 없는 세월」에 나오는 숙안의 아버지는 만주에 머물면서 독립 운동을 한다. 반면, 「요코 이야기」에 나오는 요코의 아버지는 일본 정부를 위해 일하는 관리다. 요코 가와시마 왓킨스는 자신의 작품에서 역사적 배경은 무시한 채 한국 군인을 무자비한 성폭행 범으로 묘사하여 식민 피해자인 한국인을 가해자로 그리고 있다. 그러나 최숙렬은 일제 강점기 동안 이루어진 일본의 감시와 문화 말살 정책, 식량과 군수품 약탈, 종군 위안부 문제 등으로 수많은 고초를 겪은 한국 민초들의 모진 세월의 한을 작품에 담고 있다.

왜곡된 역사 문학에 대해 '다시 쓰기' 전략으로 그릇된 부분을 바로잡아 주는 것이 그래서 중요하다. 이를 통해, 미래를 이끌어 갈 청소년 독자들은 지배 문화의 시각에 함몰되지 않고 비판적 시각을 갖게 될 것이다. 이런 한국계 미국 청소년 문학을 통해 모든 청소년 독자들은 한국계 미국인들에 대한 왜곡된 시각을 바로잡을 수 있는 계기를 마련하게 된다. 더불어 한국에 대한 긍정적인 생각을 재창조해 내는 효과도 가져올 것이다.

청소년들이 폭넓은 시야로 세상을 바라보고, 반목과 분열이라는 부정적인 마음 밭이 아닌 화해와 이해와 공감이라는 행복한 마음

밭에서 자랐으면 좋겠다. 청소년들이 밝은 미래 세상을 구현해 가도록 방향을 잡아 주고 환경을 마련해 주는 일은 기성세대의 몫이 될 것이다.

> 하느님! 미래가 하루아침에 이루어지지 않음을 알고 있습니다. 평화로운 미래를 꿈꾸려면 지금부터 청소년들이 서로를 더 잘 이해할 수 있도록 기반을 마련해 주어야 할 것입니다. 미래는 준비하는 자들의 것임을 알게 해 주십시오.

나는 어디로 가야 하나

"나는 어디로 가야 하나?" 한국계 미국 청소년 작가인 마리 리(Marie G. Lee, 이명옥)의 소설 「Finding My Voice 나의 목소리 찾기」(Houghton Mifflin Company, 1992)에서 주인공 엘렌이 스스로에게 던진 질문이다. 이 물음에서 소수 인종으로 살아가는 다문화 청소년의 고독과 고통과 좌절이 동시에 느껴진다. 나는 박사 학위 과정에서 연구한 이 작품을 중심으로 다문화 청소년들이 자신들의 고통스런 현실을 어떻게 극복해야 하는지, 일견이나마 나누어 보고 싶다.

주인공 엘렌은 미네소타 주 아킨 고등학교 Arkin High School에서 졸업을 앞둔 유일한 한국인 학생이다. 작가 마리 리는 소설의 첫 장에서 서구인이 정해 놓은 기준에 맞추려고 끊임없이 노력하는 엘렌의 모습을 그리고 있다. 엘렌은 아침에 일어나자마자 백인 소녀처럼 되기 위해 눈에 아이섀도를 칠하고, 체취를 없애는 각종 화장품을 바르거나 향수를 뿌리는 데 많은 시간을 할애한다. 드레스를 입고 등교하라는 어머니의 말을 거부하고 티셔츠와 청바지를 입는가 하면, 백인들에게 낯설게 보이는 것이 싫어서 어머니가 도시락에 싸 준 중국산 여지(荔枝, litchi : 중국 남부가 원산지인 과일의 일종)를 좋아하면서도 등굣길에 쓰레기통에 버린다. 그녀는 백인 친구 톰퍼 샌들Tomper Sandel보다도 더 김치를 혐오한다. 엘렌의 집을 방문한 톰퍼가 김치를 먹어 보고 괜찮다며 엘렌에게 권하자, "고약한 냄새가 나는 피클"이라며 코를 잡은 채 조금 맛보고는 물을 벌컥 들이킬 정도다.

엘렌은 미국 주류 문화의 영향을 받아 자신의 검은 머리에 대해서도 패배감 내지 열등감을 느낀다. 엘렌은 금발인 톰퍼를 좋아한다. 그런데 어느 날 톰퍼가 금발의 체조 선수인 마샤 랜들Marsha Randall과 다정하게 있는 모습을 목격한다. 그리고 이렇게 생각한다. '톰퍼가 아름다운 금발에 날씬한 몸매를 지닌 마샤 랜들과 데이트하는 것은 당연해. 나를 왜 좋아하겠어.' 이렇듯 백인 중심적인 가치관은 동양인인 엘렌에게 열등감과 패배감을 안겨 주면서 정체성 형성에 부정적인 영향을 끼친다.

어느 날 마샤가 "헤이, 칭-칭-아-링!"(Hey, ching-ching-a-ling)[1] 하며 엘렌을 놀리자, 그녀는 커다란 충격을 받는다. 엘렌은 스스로를 완전한 미국인으로 생각하며, 미국인의 가치 기준에 맞추어 살아왔다. 그런데 자신의 동양적인 외모로 인해 "영원한 이방인"일 수밖에 없다는 깨달음은 그녀에게 크나큰 상처를 주었다. 엘렌은

---

[1] 당시 미국인들은 한국을 잘 알지 못했다. 그래서 아시아인이면 모두 중국인으로 간주했고, 이 말은 중국인들의 사성 강한 악센트를 흉내 내며 놀리는 말이다.

극심한 충격으로 머리가 어지러웠지만, 마샤에게 무너진 자존심을 들키지 않으려고 등을 돌려 간신히 눈물을 참는다. 이렇듯 장난삼아 던진 돌에 누군가가 죽을 수도 있다는 사실을 청소년들은 인식하지 못하는 것이다.

엘렌은 생각한다. "왜 이런 바보 같은 말 때문에 내가 울어야 하는 거지?"(「Finding My Voice」, 50쪽) 그녀는 동양인을 싸잡아서 조롱거리로 만드는 마샤의 말을 "바보 같은 말"이라고 못 박으면서, '동양인은 열등하다.'는 백인의 이데올로기에 반기를 든다. 엘렌은 갑자기 마샤의 이름이 우등생 명단에 없었던 것을 떠올린다. 백인 마샤보다 동양인 엘렌이 학교 성적에서 우등하다는 깨달음은, '동양인은 모든 면에서 열등하다.'는 서구인의 시선을 정면으로 반박하는 것이다. 이는 자신은 마샤보다 모든 면에서 열등한 동양인이므로 톰퍼에 대한 사랑까지도 당연히 포기해야 된다고 생각했던 엘렌의 패배감에 새로운 전환점을 마련해 주었다. 한국인과 한국 문화를 열등하다고 여겨 늘 감추기 위해 많은 시간을 할애했던 엘렌이, 마침내 부정적인 자기 정체성의 이미지에서 벗어나 긍정적인 자아와 자신감을 회복한 것이다. 그녀는 동양인에게 열등감을 심어 주는 백인 문화에 압도당하기 쉬운 박제화된 덫을 비로소 극복하게 되었다.

그동안 친구들의 놀림에 수동적으로 대처하던 엘렌은 태도를 바꾸어 적극적으로 저항한다. 마샤의 인종 차별적인 발언에 그녀는 "너(마샤)는 무식하다. 인종차별주의자에 바보, 멍청이다."(같은 책, 154쪽) 하고 응수한다. 엘렌이 타자의 시선에서 일방적으로 전해지는 허구성을 인식하고, 그것을 거슬러 자기만의 눈으로 세상을 바라보게 되었음을 의미하는 대목이다. 타인을 비인격화할 수 있는 것은 타인에 대한 무지에서 비롯된다. 상대가 생채기를 낼 때, 자기 목소리를 내어 아픔을 알리는 것도 중요한 부분이다. 또한 엘렌과 톰퍼의 김치 사건에서도 알 수 있듯이, 자국의 문화를 부끄러워하거나 감추는 것은 최선이 될 수 없다. 당당하게 드러내어 함께 공유하는 것이 바람직하다. 너도 소중하고, 나도 소중하다는 사실을 잊지 말자.

> 하느님! 세상에는 여러 가지 사정 때문에 속으로 고통을 삭히는 많은 이들이 있습니다. 남과 다르게 생겨서, 남들처럼 많이 배우지 못해서, 남들처럼 건강하지 못해서, 남들보다 돈이 없어서 등 많은 이유로 속울음을 삼킵니다. 그들이 당신의 소중한 사랑을 깨닫고, 십자가의 예수님처럼 당신 뜻을 이루게 해 주십시오.

다인종은 여러 가지 꽃이 피어 있는 꽃밭이다

이제 한국도 이주민 200만 명 시대를 바라보고 있다. 다문화 사회로 진입하면서 차츰 불거져 나오는 심각한 사회 문제를 여러 매체를 통해 심심찮게 접하게 된다. 2012년 5월, 주택가와 주차장 방화범으로 파란 눈의 십 대 정 군이 체포되었다는 보도가 나왔다. 그는 한국인 아버지와 러시아인 어머니를 둔 다문화 가정에서 태어났다. 친구들은 파란 눈의 그를 "튀기"라고 놀려 댔다. 중학교 2학년 때 6개월간 정신과 치료까지 받은 정 군은, 급기야 학교생활에 적응하지 못하고 자퇴하였다. 그리고 가출을 반복하면서 범죄에 빠지게 되었다.

같은 문화를 공유하는 같은 민족 사이에서도 상대방의 약점을 빌미로 집단 따돌림을 하기 쉬울 때가 청소년 시기다. 그러므로 이 시기에 남과 다른 외모를 지닌 학생들이 학교에서 어떻게 지내는지 유추해 내는 일은 그리 어렵지 않다.

「Finding My Voice」를 쓴 작가 마리 리도 미국에서 소수 인종으로서 겪었던 청소년기의 아픈 기억을 가지고 있다. 의사인 아버지와 약대 출신의 어머니를 둔 이민 2세인 마리 리는 1964년 미네

소타 주 히빙Hibbing에서 태어났다. 그녀는 "주위에 있는 모든 상황들, 즉 친구들, 광고, 잡지, 청소년 소설 등이 모두 이렇게 되어야 한다."고 백인들이 정해 준 규범에 따라 살아왔다.[2] 마리 리가 성장하던 1970년대에 유행하던 청소년 잡지는 「Seventeen세븐틴」이다. 이 잡지는 거의 백인 일색으로, 갈색 머리에 파스텔 톤의 파란 아이섀도를 칠한 십대 소녀들을 미국 소녀의 전형으로 내세웠다. 그리하여 마리 리도 파마를 하고 파란색 아이섀도를 바르면서 미국 사회의 기준에 '맞추기 위해' 노력하며 성장기를 보냈다. 그녀는 "스스로를 문화적으로 백인, 적어도 완전한 미국인으로 생각했다."고 회상한다.

그러나 마리 리는 자라면서 서구인들에게 완전히 받아들여지지 않고 늘 경계선 밖의 타자로 대접받으며 보이지 않는 벽 앞에서 당혹스러웠던 일화를 들려준다. 그녀는 고등학교 하키 팀의 응원단장으로까지 뽑혀 자신이 완전한 미국인으로 인정받았다고 생각했다. 그러나 친구들이 중국식 호박 머리 모양으로 자신을 꾸며 놓곤 재미있다며 환호하는 모습을 보고 좌절한다. 스스로 미국인이라고 여기며 철저히 미국식으로 살아왔던 마리 리에게, 친구들이 늘 중

---

[2] 한국계 미국 작가에 대한 비평은 거의 사각 지대에 놓여 있다. 마리 리에 대한 정보는 Digital Library and Archives(http://scholar.lib.vt.edu)를 참고했다(Lee, Marie G., *How I Grew: The ALAN REVIEW*, Winter 1995).

국 인형 정도로만 자신을 생각해 왔다는 깨달음은 충격적이었다.

동양인이라는 타자로 존재해야만 인정해 주는, 주류 세력의 보이지 않는 거대한 압력은 소수 인종에게 뛰어넘을 수 없는 한계를 인식하게 만든다. 마리 리는 분명하게 자신이 잡지에 나오는 전형적인 미국인이 아님을 인정했다. 그러나 지도에 한국이 어디 있는지도 모른 채 살아온 자신을 갑자기 한국인이라고 할 수도 없는 심각한 정체성의 혼돈을 경험한다. 그녀는 한 인터뷰에서 다음과 같이 밝히고 있다. "나는 눈이 크고 머리카락이 갈색이어서 종종 혼혈로 오해받습니다. 한국인들은 그 때문에 나를 잘 대해 주지 않는데, 이것이 나를 슬프게 합니다. 설령 내가 정말 혼혈이라 할지라도 그와 같은 대접을 받아서는 안 된다고 생각합니다."(Yoo Sun Mo, An interview with Marie G. Lee, New York, June 10, 1996)

마리 리는 "나는 정말 어느 쪽도 아니다."(I really was neither)라고 탄식할 정도로 깊은 정체성의 혼란을 겪는다. 이는 흑백 논리가 뚜렷하게 지배하는 세상에서 청소년이 느끼는 좌절이기도 하다. 이쪽 아니면 저쪽이어야 한다는 것, 보수와 진보, 우파와 좌파 등, 어느 한 쪽에 빨리 줄을 서라고 은근히 종용하는 세상에서 청소년들이 느끼는 비애가 이런 것이다. 그러나 이 길도 저 길도 아닌, 분명 다른 길도 존재할 수 있는 법이다.

'다름'은 차별의 대상이 아니다. 의미 그대로 남과 다를 뿐이다.

다름에는 옳고 그름도, 좋고 나쁨의 우열도 없다. "다인종은 여러 가지 꽃이 피어 있는 꽃밭과 같다."the colored race is just like a flower garden, with every color flower represented는 앨리스 워커Alice Walker의 말처럼, 그저 다양한 것이다.

  시샘하거나 다투지 않고 자기만의 향과 아름다움을 마음껏 뽐내는 꽃밭의 꽃들처럼, 너와 나의 구별 없이 우리는 모두 지구에 사는 하느님 안의 한 형제라고 생각했으면 좋겠다. 그래서 미래의 청소년들이 이 세상을 하느님이 원하시는 평화로운 세상으로 만들어 갔으면 좋겠다.

> 하느님! 서로 다르기에 세상은 더 아름답고 흥미로운 것이겠지요. 남이 나와 다르다 하여 그가 틀렸다고 말하지 않게 해 주십시오. 또한 내가 남과 다르다 하여 주눅 들지 않게 해 주십시오. 다름은 다양성임을 인식하도록 해 주시고, 당신께서 주신 고유함을 그저 사랑하게 해 주십시오. 당신의 눈에 모든 피조물이 소중하듯, 제게도 다양성 안에서 아름다움을 발견할 수 있는 넓은 시야를 주시고, 늘 감사하는 마음을 갖도록 이끌어 주십시오.

우리 자신이 하느님이 머무시는 성전이라니!

좋은 직장에 다니면서 돈을 많이 벌어 부자로 사는 것이 이 세상에 태어난 목적은 아닐 것이다. 이는 목적을 위한 수단이 될 수 있을 뿐, 삶의 궁극적인 목적은 될 수 없다.

삶의 전환점에 서게 되면, 우리는 스스로에게 왜 이 세상에 왔을까 하는 질문을 던지게 된다. 하느님께서는 왜 나를 이 세상에 보내셨을까?「천주교 요리문답」을 보면 "사람이 무엇을 위해 태어났느뇨?"라는 질문에 "사람이 천주를 알아 공경하고 자기 영혼을 구하기 위하여 세상에 태어났느니라."고 답하고 있다. 다시 말해, 하느님께서는 우리가 당신을 알고 당신의 뜻인 사랑을 실천하여 영혼을 구원할 수 있게 하려고 우리를 이 세상에 보내셨다는 것이다.

우리 삶의 목적은 하느님을 만나는 것이다. 성철 스님이 자신을 만나기 위해 먼 길도 마다하지 않고 찾아오는 수많은 사람들에게 "나를 찾지 말고 부처님을 찾으시오."라고 일갈한 바 있듯이, 우리가 찾고 있는 하느님은 멀리 찾아 나서야 계시는 분이 아니다. 나 역시 그분을 찾기 위해 오랫동안 이 길 저 길 헤매었으나, 그 어느 곳에도 나의 하느님은 계시지 않았다. 하느님은 어느 장소에 계시는 분이 아니었다. 그분은 내가 있는 곳에 늘 함께하셨다. 이제는 그분이 내 안에 언제나 머물고 계시다는 것을 확신할 수 있다.

얼마나 경이로운 일인가? 우리가 하느님이 머무시는 성전이라니! 사랑이신 하느님이 내 안에 머무르신다. 본래 맑은 거울처럼 우리 안에 머무르시는 사랑이신 하느님을 우리의 악한 행동과 생각으로 더럽힌다고 생각해 보자. 우리는 그분을 뵐 낯이 없을 것이다. 우리가 악한 행동과 생각에서 벗어나 회심할 때야 비로소 깨끗한 거울을 마주하듯 사랑의 하느님을 뵐 수 있는 것이다.

하느님께서는 우리에게 자유 의지를 주셨다. 선한 사람이 되느냐, 악한 사람이 되느냐 하는 것은 전적으로 우리 자신에게 달려 있다. 마더 데레사 성녀는 스스로 자신을 살아 있는 성녀로 만들었고, 네로 황제는 친모를 죽이는 등 여러 악행을 일삼아 자신을 악인으로 만들었다. 선과 악이 우리의 선택에 달려 있다는 것은 분명 신비다. 우리가 사랑이신 하느님을 우리 안에 머물게 할 수도 있고, 떠나가게 할 수도 있다는 말이 아닌가. 하느님께서 우리에게 얼마나 막강한 힘을 주셨는지 새삼 깨닫게 된다.

교사로, 수도자로, 사회 교육 사업가로 하느님을 찾아 헤맨 그 세월은 앞으로의 새로운 길에서 사랑으로 내 안의 하느님과 함께하는 여정임을 말해 주고 있다. 내가 할 수 있는 일은, 하느님께서 나와 함께 계심을 잊지 않고 더 많이 나를 차지하실 수 있도록 공간을 넓혀 드리는 것이다. 그래서 요한 복음서 3장 30절에 나오는 말씀처럼 "그분은 커지셔야 하고 나는 작아져야 한다." 그래서 "이 제는 내가 사는 것이 아니라 그리스도께서 내 안에 사시는 것입니다."(갈라 2,20)라고 노래할 수 있도록 여정이 끝나는 날까지 하느님의 길, 사랑의 길로 나아가야겠다.

우리는 삶의 여정에서 다양한 사람들과 다양한 방식으로 사랑의 친교를 나눈다. 사람들이 특별하고 구체적인 친교를 통해 주고받는 사랑은 하느님께서 주신 사랑과 소망으로 축복받아야 한다. 하느님의 사랑을 찾기 위해 그 사랑을 무시하면, 우리는 하느님이 원하시지 않는 일을 하는 것이다. 우리가 해야 할 일은 우리에게 생기를 주는 사랑을 버리는 것이 아니다. 사람들과의 친교 안에서 이루어진 사랑이 더 큰 사랑으로 나아갈 수 있도록 키워 가는 것이 우리의 소명 아닐까?

산과 강 도시만을 생각한다면
이 세상은 얼마나 무의미한가.

그러나
함께 생각하고 느낄 사람이 있다는 것과
비록 헤어져 있어도
영혼이 가까운 사람이 있다는 느낌은

이 세상을 살아 있는 정원으로 만든다.

— 괴테Johann Wolfgang von Goethe

안토니오 성인은 "이웃으로부터 생명도 나오고 죽음도 나온다."고 했습니다. 사랑하는 하느님! 조금이라도 이웃과 불화를 일으켰던 저의 모든 죄를 용서하시고 사랑으로 이어 가게 해 주십시오.

> 계획했던 꿈보다 더 큰 은총으로
> 나의 삶을 축복하셨다

누구나 하고 싶은 대로 사는 인생을 갈망한다. 하지만 실제로 그런 삶을 사는 사람은 많지 않다. 수많은 사람들의 죽음을 지켜본 나로서는 마음 내키는 대로 산다는 것이 결코 사람의 도리에 벗어나는 일이 아님을 깨달았다. 마음의 소리에 귀를 기울이지 않고 남의 눈치만 살피며 가슴에 '참을 인忍' 자를 새긴 사람들이 훗날 죽음을 앞두고 가슴 치며 후회하는 광경을 많이 보아 왔기 때문이다. 자신의 마음을 속이지 않고 마음이 가리키는 이정표를 따른 인생은 세상의 잣대를 훌쩍 뛰어넘는다. 자유로운 삶은 존경을 받지는 못하지만 사랑받는다. 그리고 상쾌한 청량감을 선사한다.

오츠 슈이치의 「죽을 때 후회하는 스물다섯 가지」(21세기북스, 2011)에 나오는 이 대목은 나에게 많은 위안을 주었다. 어린 시절의 꿈인 중학교 교사에서 거룩한 성소인 수도자로, 그리고 다시 아이들과 함께하는 사회 교육 사업가로 거듭나기까지 나의 여정은 타인의 눈치나 사회의 기대와는 거리가 먼, 내면의 소리에만 성실히 귀를 기울이며 살아온 나날이었다. 삶을 보장해 주는 편안한 안식처들을 박차고 나와, 대책 없이 미지의 세상에 나를 온전히 던지며 참된 삶의 가치를 찾아 방황하였다. 그리고 그 대가는 참으로 혹독했다.

에자르트 샤퍼Edzard Schaper가 쓴 「넷째 왕의 전설」분도, 1978을 보면, 러시아의 작은 왕이 기존의 안락한 환경을 뒤로하고 주님을 뵙기 위해 무방비 상태의 취약한 곳으로 무작정 길을 나섰듯이, 나의 삶도 그러했다. 애마 와니카와 함께 홀로 길을 떠난 왕이 길에서 만난 사람들 때문에 주님께 드릴 황금, 진주, 아마포, 어머니께서 주신 꿀단지까지 모두 탕진하고 아무것도 없는 초라한 몰골로 주님 앞에 서서 자신의 마음밖에 봉헌할 것이 없었던 것처럼, 나 또한 내세울 것 없는 삶을 살아왔다.

로마의 철학자 세네카는 "신은 사랑하는 인간에게 역경을 선물한다."고 말했다. 그렇다. 방황했던 그 모든 세월이 다음 단계로 나아가기 위한 은총의 시간이었음을 이제는 깨닫는다. 마음의 안식처를 먼 곳에서 찾아 헤맸던 나는 "내 안에 임이 계시거늘, 나 밖에서 임을 찾아 헤맸다."는 아우구스티노 성인의 절규를 이제야 공감하며 기쁨으로 함께 노래할 수 있게 되었다.

어린 시절에 어떤 꿈을 꾸었는지 다시 한 번 되돌아보았다. 섬마을 교사가 되어 평범한 가정을 이루며, 글 쓰는 남편에게 따뜻한 차를 가져다주는 아내의 모습을 떠올렸다. 그 꿈은 지금의 내 모습과는 거리가 멀다. 그러나 겉모습은 다르지만 어느 정도 그 꿈에 근접했다고 자평하고 싶다. 학교와 사회에서 평생 아이들을 가르쳐 왔고, 글 쓰는 남편에게 따뜻한 차를 가져다주는 대신 내가 글을 쓰고 있지 않은가. 또 평생을 찾아 헤맸던 사랑하는 임을 만나는 크나큰 은총도 누렸다. 하느님께서는 내가 계획했던 꿈보다 더 큰 은총으로 나의 삶을 축복하고 계셨다. 나는 이 글을 마무리하면서 그것을 깊이 깨달았다. 나는 하느님을 찾고 인간을 참되게 사랑하고자 끊임없이 노력하는 나의 소박한 구도자적 삶을 사랑한다. 모든 것에 감사할 따름이다.

 나는 이 글을 쓰면서 내 삶을 돌아볼 수 있었다. 소중한 시간이었다. '두 아들의 비유(마태 21,28-32)'에 나오는 맏아들처럼, 나는 평소 깊이 존경하던 사제의 제안을 거부하는 손사래를 멈추고, 내 삶을 더욱 풍요롭고 아름다운 여정으로 이끄는 초대에 응답한 것이 커다란 은총이었음을 깨닫는다. 늘 자기 자리에서 묵묵히 소명을 다하는 그 신부님은 우뚝 서 있는 커다란 나무와 같은 존재이다. 항상 감사하고 존경하는 마음이다. 하느님께서는 삶의 여정에서 특별한 친교를 나누는 사람들을 통해, 우리가 더 위대한 소명으로 나아갈 수 있도록 끊임없이 초대하고 계신다. 우리에게 영감을 주는 충고를 들으며, 독특하고 아름다운 사람이 되라는 하느님의 지속적인 부르심에 감사하며 늘 깨어 있어야겠다고 생각한다.

사랑하는 아버지, 고통과 시련 속에 당신의 깊은 뜻이 숨어 있는지 몰라 마음이 아프기만 했습니다. 사랑하는 부모님이 자녀에게 좋은 것을 주기 위해 혹독한 훈련을 시키듯, 당신도 그러셨다는 것을 몰랐습니다. 황금도 불에 단련되고 비 온 뒤에 땅이 굳어지듯, 모진 고통과 시련 속에 당신의 깊은 뜻이 있었음을 이제 알겠습니다. 나의 하느님, 사랑합니다. 찬미 찬송 받으소서.

구름 뒤 태양은 다시 뜨고

요즘은 자전거를 타며 많은 시간을 보낸다. 어머니는 아버지가 생전에 사 주셨던 구두를 신을 때마다 '이건 아버지가 사 주신 거다.' 하고 주문을 외우는 내게, 당신도 오래 기억해 달라며 자전거를 사 주셨다. 스쿠터를 탔던 감각이 있어 자전거를 어렵지 않게 배울 수 있었다.

길에 대한 향수가 있는 나는 곧게 뻗은 길만 보면 느린 걸음이라도 걸어 보고 싶어 했다. 그런데 이제는 자전거로 어디든지 쉽게 갈 수 있으니 아주 신이 난다. 확 트인 벌판의 신선한 공기를 가르며 달리는 자전거 위에서, 나는 우거진 갈대숲과 푸른 하늘과 여기저기 강을 떠다니며 장난치는 물오리들을 바라보면서 때 아닌 호사를 누리고 있다.

그동안 가르치고 평가까지 마쳐야 학생들을 집에 보내던 내 성미가 건강을 위협했는지도 모르겠다. 사실 반마다 많게는 30명이나 되는 아이들을 혼자서 일일이 평가하기에는 버거웠다. 나는 왼쪽 귀로 A가 하는 소리를 듣고, 오른쪽 귀로 B가 하는 소리를 들으며, 눈으로는 C가 하는 것을 확인해야 했다. 어떤 아이는 그날 배운 것을 꼼꼼히 숙지하지도 않고 검사를 받으러 와서 세 번, 네 번, 심지어 스무 번까지 퇴짜를 맞은 적도 있었다. 이 일이 오래 지속되다 보니, 문풍지가 바람에 떨리듯 내 귓속에서 뭔가 펄럭이는 소리가 들렸다. 그리고 아이들이 떠드는 소리가 깊숙이 파고 들어와 청신경을 자극해서 귀를 살며시 막기도 했다. 결국 이비인후과의 도움을 받았다.

이런저런 건강상의 이유로 일을 대폭 줄이니 여가 시간이 많아졌다. 일주일에 하루였던 휴일이 3일로 늘어났다. 하루하루 생각 없이 개미처럼 끊임없이 일을 해야만 삶의 보람을 느끼던 나 역시, 건강에 문제가 없었다면 이런 일은 꿈도 꾸지 못했을 것이다. 이렇듯 병은 정신없이 살아왔던 지난날에 제동을 걸고 자신을 돌아보는 시간을 마련해 주는 긍정적인 측면도 있다.

건강에 문제가 있으니 언제까지 이 일을 할 수 있을지 모르겠다. 기운이 없다가도 수업 시간만 되면 어느새 다시 기운이 번쩍 나는 내 모습을 보며 가르치는 일이 천직이지 싶다. 수강료가 진짜 싸다며, 우리야 좋지만 운영이 되느냐며 걱정해 주는 학부모들도 있어 감사하다. 수강료를 저렴하게 책정할 수 있었던 것도 보증금 없이 월세를 싸게 해 준 셋째 언니와 형부 덕분임을 안다. 감사하다.

이래저래 인간은 타인의 도움을 받으며 산다. 우리는 혼자 살지 못한다. 함께 가는 길이다. 다른 사람이 만든 차를 타고, 옷을 입고, 가방을 들고, 집에 살고, 다른 사람이 지은 곡식을 먹으며 산다. 그렇다면 나는 다른 사람들에게 얼마나 도움을 주었는가? 이 세상에 살면서 내가 이웃에게 해 준 것보다, 이웃이 나에게 해 준 것이 훨씬 많다는 생각에 마음이 무겁다.

학교를 떠날 때 아이들에게 일찍 이별을 겪게 한 것 같아 마음이 아팠는데, 요즘은 제자의 자녀들을 가르치며 보상하는 마음으로 살고 있다. 예전 동료 교사들과는 '보리수'라는 모임을 만들어 1년에 두 차례씩 방학 때마다 친교를 나누고 있다. 그동안 시간이 맞지 않아서 자주 참석하지 못했는데, 잘 챙겨야겠다.

얼마 전, 관구장이었던 정 수녀님이 나와 수련기를 함께 보낸 수녀님들을 몇 명 대동하고 논산을 다녀가는 길에 잠시 우리 집에 들렀다. 어머니는 다짜고짜 수녀님 손을 잡고 "우리 딸을 보내 줘서 정말 고맙습니다." 하며 인사했고, 우리는 한바탕 크게 웃었다.

하느님이 또 큰일을 하고 계신다. 살면서 내가 책을 내리라고는 꿈에도 생각해 본 적이 없다. 평소 글솜씨가 없는 나는 글 좀 쓰는 친구에게 잘 보이려고 애쓰며, 나중에 책 속에서 나를 좋게 써 달라고 애교 아닌 애교를 부린 적이 있다. 글재주가 많았던 친구들은 아직 책을 내지 못했다. 그런데 나는 하느님의 은총 안에서 어쨌든 책을 내게 되었다. "지금은 꼴찌지만 첫째가 되는 이들이 있고, 지금은 첫째지만 꼴찌가 되는 이들이 있을 것이다."(루카 13,30)라는 예수님의 말씀이 바로 여기에서 실현되고 있는 듯하다. 기적이다. 주님이 하시는 일은 실로 놀랍기만 하다.

희망가

문병란

절망 속에서도
삶의 끈기는 희망을 찾고
사막의 고통 속에서도
인간은 오아시스의 그늘을 찾는다.

절망은 희망의 어머니
고통은 행복의 스승
시련 없이 성취는 오지 않고
단련 없이 명검은 날이 서지 않는다.

꿈꾸는 자여, 어둠 속에서
멀리 반짝이는 별빛을 따라
긴 고행길 멈추지 말라.

인생 항로

파도는 높고

폭풍우 몰아쳐 배는 흔들려도

한 고비 지나면

구름 뒤 태양은 다시 뜨고,

고요한 뱃길 순항의 내일이 꼭 찾아온다.

여든이 넘은 어머니는 딸과 살고 있는 지금이 인생의 황금기라며 행복해하신다. 종손의 아내로서 1년에 여러 번 제사를 준비하고 50년 이상 시부모를 모시고 살았으니, 그 모든 책임감에서 벗어난 지금이 행복하다는 것도 이해가 된다. 수도원에서 딸을 나오게 해 달라고 기도했다는 어머니는, 딸을 부끄럽게 여겨서 친지에게 인사를 시키지 않은 것이 아니고, 번역하는 데 방해가 될까 봐 그랬다고 하셨다. 딸이 창피해서 그랬을 거라며 절망했던 나의 오해도 하느님의 은총이었나 보다. 깊이 절망했기에 희망으로 나올 수 있었다. 요즘은 수도원에 봉헌한 딸을 데려온 것이 미안한지, 어머니는 거의 하루 종일 많은 이들을 위해 기도하며 지내신다.

오늘도 나는 건강을 위해 자전거를 탄다. 지금 이 순간 내가 할 수 있는 일에 최선을 다할 뿐, 생명의 주인이며 원천이신 하느님께 나의 모든 것을 맡겼다. 한가롭게 물놀이를 하면서 망중한을 즐기는 물오리들에게 인사를 건네며, "주 하느님~ 지으신 모든 세계~

내 마음속에 그리어 볼 때~."(주 하느님 크시도다, 「가톨릭성가」 2번)를 흥얼거리며 주님과 오붓한 시간을 보내고 있다. 행복하고, 감사하다.

> 감사합니다, 주님! 당신은 곳곳에서 우리 가운데 계시며, 지금도 여전히 당신의 존재를 드러내시며 기적을 행하고 계십니다. 우리가 깨어 살핀다면 모두가 알아챌 수 있는 끊임없는 당신의 기적을…. 길이 영광 찬미 받으소서.